釣りに連れられ　70年

Y・MASUDA

はじめに

定年後70歳になって、スリークッションというものを始めた。最近、その面白さと7年間の奮闘の記録を小冊子にまとめた。子供が、今度は「釣り」を書け、と言いだした。どうせボケ防止のためだろうと、抵抗していたが、その通りかなと思い直し、かすかな記憶を頼りに、年代を追って思い出す場面を書いてみた。

記憶とは、一生懸命覚えようとしたことは忘れてしまい、全くその気がないのに頭の片隅から抜けていないものがある。これは歳をとって、初めて明らかとなる。子供の頃の経験がいかに大事なものであるか、言わずもがなである。

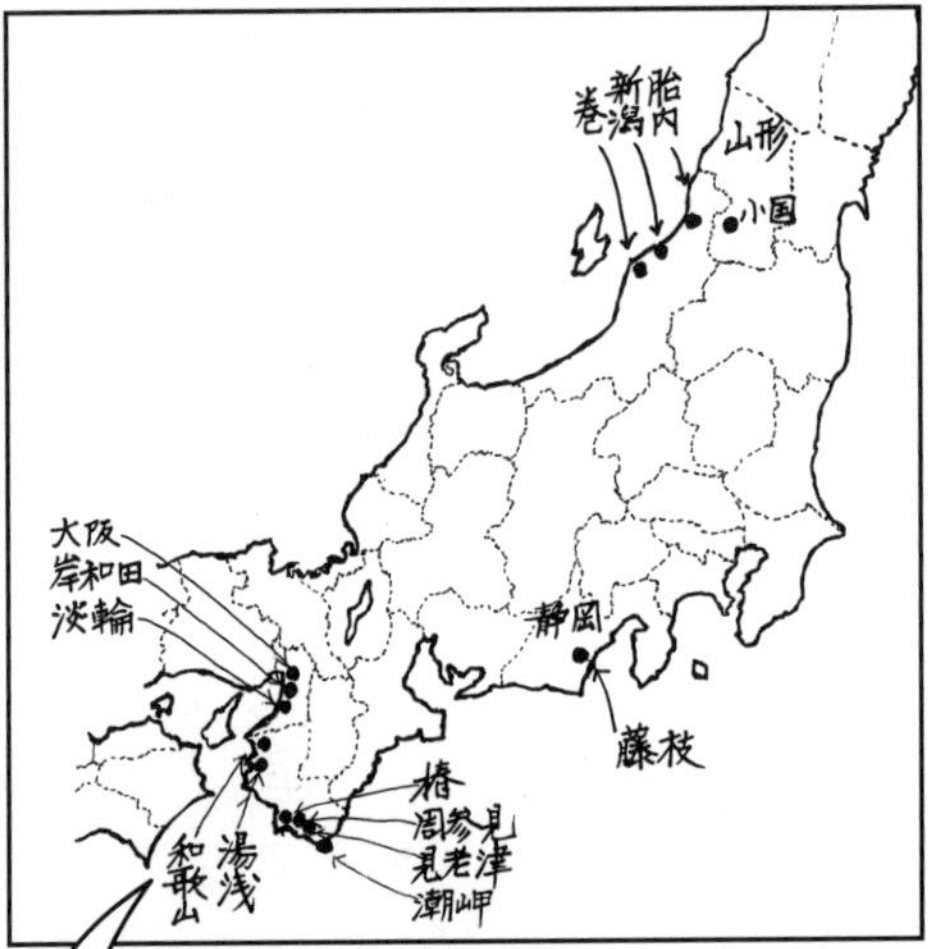

胎内
新潟
巻
山形
小国
大阪
岸和田
淡輪
静岡
藤枝
椿
周参見
見老津
潮岬
和歌山
湯浅

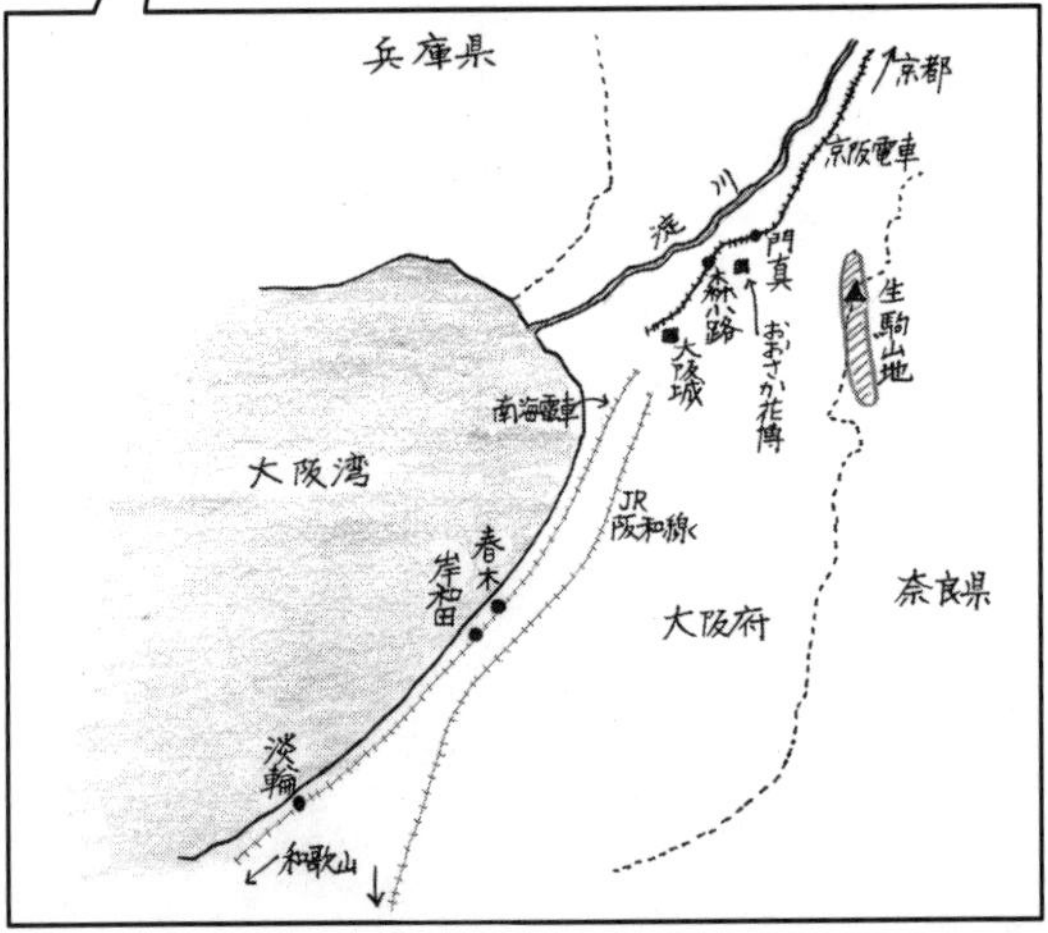

兵庫県
京都
京阪電車
淀川
門真
森小路
大阪城
おおさか花博
生駒山地
南海電車
大阪湾
JR
阪和線
春木
岸和田
大阪府
奈良県
淡輪
和歌山

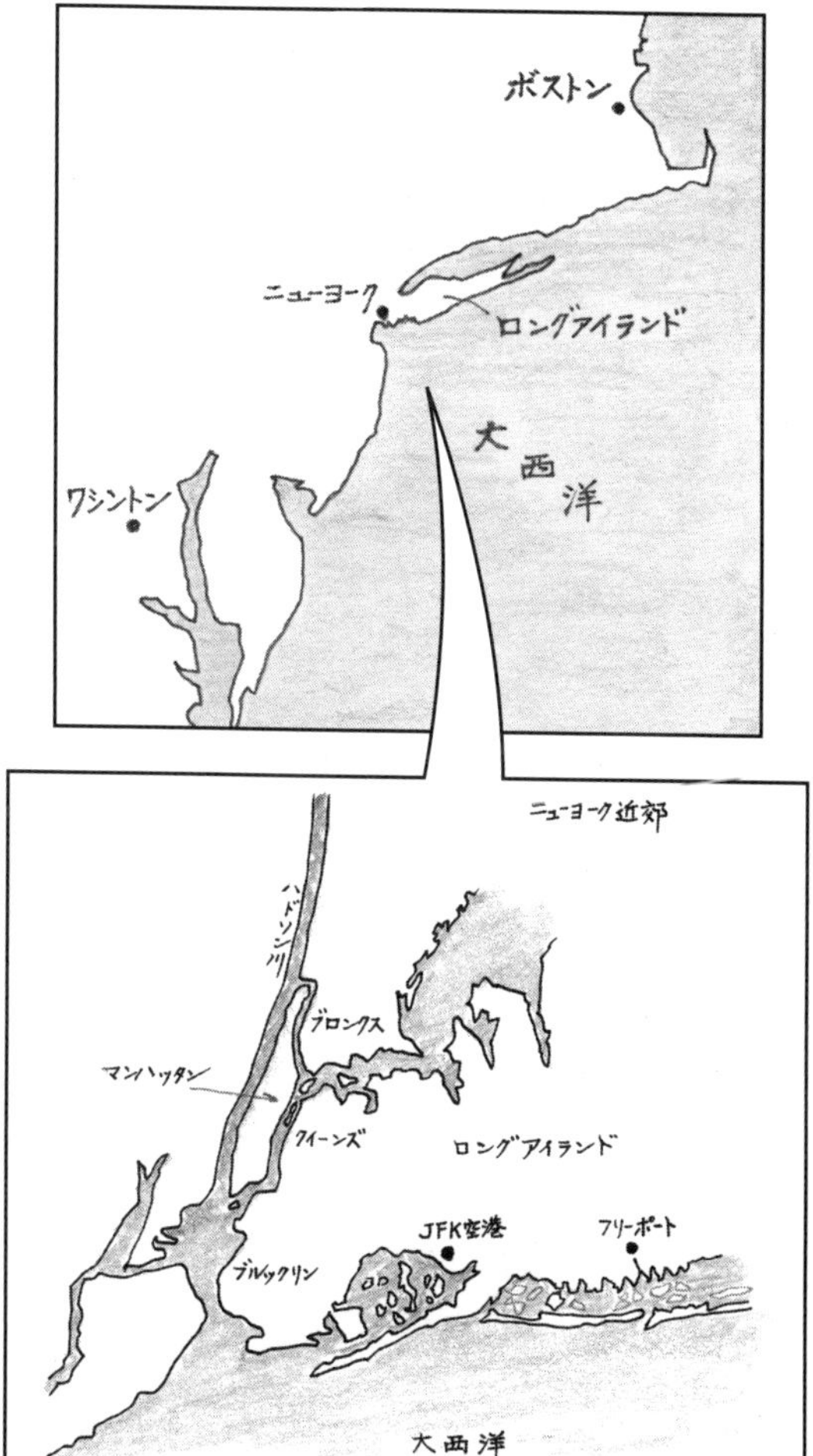
ボストン
ニューヨーク
ロングアイランド
大西洋
ワシントン
ニューヨーク近郊
ハドソン川
ブロンクス
マンハッタン
クイーンズ
ロングアイランド
JFK空港
フリーポート
ブルックリン
大西洋

目次

目　次

目次

一　初めての釣り

「サイタサイタ　サクラガサイタ」とさわやかな気持ちの国民学校一年生も束の間だった。太平洋戦争末期の空襲を避けるために、翌年昭和20年、大阪市から両親の故郷である静岡県に縁故疎開させられた。藤枝の母の実家にはあちこちから親類縁者が子供連れで集まり、寄り合い所帯の様相だった。

春の土手

最初のうちは、家族から離れた寂しさでメソメソしていたと今でも叔母が言う。寄り合い所帯の中に、中学校の校長先生を退官した厳格な老人夫婦が床の間のある部屋を占めていた。この元先生はハヤ釣りが好きだった。ある日、私を連れて行ってくれた。狭い道をくねくね曲がって、家並みを外れると春本番だった。幅はそれほど広くはないが、清涼な川の流れがあった。土手のツクシ、ヒバリのにぎやかな声、春の風が運ぶ香りと音に我を忘れて、お爺さんの後をトボトボとくっ付いて歩いている姿はいい思い出だ。お爺さんは、廊下の欄間に立派な継ぎ竿を置いていたが、この時どんな服装で、ハヤが釣れたかどうかは覚えていない。

蓮華寺《れんげじ》池のフナ

夏のある日、同居の子供達で蓮華寺池に歩いて釣りに出かけた。一面のでこぼこの茶畑の緑があざやかで、池の周りは散歩道になっており、周囲が一望できた。池は藻や浮き草が多く、その隙間にウキを入れた。地べたに置いた僕の竹竿にフナがかかった。ウキが沈む瞬間どう感じ、どう反応しただろうか、ドキドキしながら魚の引きを感じて釣り上げたろうか、全く定かでない。人だかりがしてきたことから、小ブナではなかっただろう。土の上に銀色の腫れぼったい腹を夏の陽にギラギラさせながら、ベタベタと音をたてて跳ねているフナを見つめている子供の、なんとも物悲しい光景だ。これが、最初の釣りの記憶だ。
3年前、70年ぶりでここを訪れたが、見晴らしのよいところに立派な郷土博物館ができているほかは、子供の頃の印象とあまり変わりなかった。

ハヤ釣り名人

やがて、大阪には父一人を残し、母が妹達を連れて藤枝にやってきた。私達は稲川《いながわ》というところで、昔村長さんをしていた親戚の農家の離れを借りることになった。母屋には平《へい》チャンと呼ばれていたおおらかな青年がいて、私は大好きであった。家は瀬戸川の土手の下にあった。直ぐ近くには水が湧き出している手ごろな大きさの池があり、底まで澄んで見えた。

夕方になると、平チャンはしんなりした竹竿と木製の大きなたらいを持って褌《ふんどし》で木立の間を出かけていく。池に来るとたらいを浮かし、どんどん水の中に入っていく。胸位まで浸かると、そこに落ち着き、水が湧き出て円形に盛り上がって波紋が広がっている方向を目がけて竿をいっぱいに振り出す。テグスの先に毛ばりをつけて、その上20センチ位にキビか細い枝を短く切ったものを十字に結んである。チャポンと糸の先の枝の切れ端が浮くや否や、竿を引く。枝片は水を左右に分けて、その後ろに毛ばりを躍らせながら走る。虫が水面を滑走している姿だ。これに大きなハヤが喰らいつく。爽快だ。腹が極彩色のものもいる。瞬く間に夕食分のハヤをたらいに浮かべて、日焼けした顔をほころばせながら平チャンが上がってくる。岸辺に腰を下ろして、静かな夕暮れの中に一部始終を眺めていた。

この池から小川が流れ出ていた。水は冷涼で、縁にはセリが生え、透明な手長エビがいた。ヒルに吸い付かれながら、箕《み》で掬った。ピチピチ動くエビの尻尾が頼もしかった。串に刺し焼いて食べる赤いエビの味をおぼえた。

一　初めての釣り

二　小学生の頃

終戦の年、冬を迎える前に疎開先の静岡を引き上げ、大阪の家に帰り元の清水小学校に通った。小学生時代は、戦後の一区切りであったと思う。敗戦後の占領、困窮、雑然、再建の中にあって、子供の私は、親の苦労も知らずに気儘に過ごした。

京阪電車の森小路《もりしょうじ》駅から東へ幅の広い、両側に商店のある歩道付きの舗装道路が走り、500メートル位のところがロータリーとなり、南北にも通じていた。角には公園があった。周囲を芝生、木々に囲まれ、円形の池、藤棚、ラジオ体操の放送ボックス、公衆便所もあり、滑り台、ブランコ、遊動円木、砂場も備えた遊園地でもあった。この公園は戦後様相を変えた。近くの人は所狭しと野菜を作った。それから、盆踊りや社交ダンスの場となり、運動会の会場となり、野外映画場となり、夜店で賑わい、正月の凧揚げ場となり、なにかというと人の集まる場所になった。何よりも僕達の木登り、虫捕りの場となった。セミ、カミキリムシ、トンボなど昆虫の宝庫であった。町は方形に区画整理されて新森小路《しんもりしょうじ》と言った。まだ土の道で、馬がパカパカと荷台を引っぱっていた。歩きが主な移動手段でやがて自転車が流行り出す。

両親は終戦1年前に、転勤先の広島からこの公園のすぐ近くの借家に引っ越してきた。生駒《いこま》山の朝日がまぶしく、秋には夕日を浴びて色づきや山道が、冬には積雪が2階からはっきり見えた。夜には高架の電車から、ガタゴト、ピリピリという笛の音、「モリショウジ」という車掌の呼ばわりまで西風に乗って聞こえてきた。郊外からは大阪城の天守閣が南西の方向に見えた。ここで小学生から青年期を親子6人で過ごした。

この公園から300メートルほどで田園の小道となった。その先が、生駒山を前に自然の遊び場だった。後に「大阪花博覧会」が開催された鶴見《つるみ》一帯である。戦時中は高射砲陣地が築かれ、小高く土盛りをした上にトーチカの残骸があった。戦後は占領下に進駐軍の基地となった。近くには高い金網で囲まれ溜め池のような堀の内側に、広大な米軍の宿舎のような建物が棟を連ねていた。民家を少し離れたところには金網で囲われ、山に積まれた米軍の廃品置場があり、ジープや飛行機の残骸の油のにおい、合成樹脂やゴムのにおい、兵隊の衣類や雑貨のにおい、など、初めて戦争のにおいを知った。

周辺の土地は稲や野菜の栽培はされず、そのまま放置され、あちこちに溜め池のようなものができ、田んぼには水が溜まり、小川と一緒になり、畦道だけがその区画を示していた。ここに沢山のフナやモロコが増え、赤いアメリカザリガニが繁殖した。ここが僕達の恰好の遊び場となった。

小ブナ釣り

夏休みの朝、年上のタダシさん、タカシちゃん、ミノルちゃん、シゲルちゃんと、短い竹竿に5センチ位の小さなウキと針をつけて、バケツを持って生駒山の方向に出発する。家並みを抜けると、金網で囲った進駐軍の基地のガラクタ置き場があった。複雑なにおいを嗅ぎながら横の淀んだどぶ川を小走りで抜け、その先の曲がりくねった畦道を上級生についていく。朝まだきの草露が半ズボンの足に冷たい。寺方《てらかた》運河という釣り場に到着する頃には陽が上がって暑くなっていた。10メートルほどの川幅で流れは遅く、水は茶色に濁って水中は全く見えない。土手の際は木の板が丸太で止められており、足元はシッカリしている。この丸太の回りに朝日を浴びて小ブナが集まっているのである。水際の水深は浅く、40センチほどのウキ下で次々釣れた。赤虫の餌が無くなると、離れたところで橋から飛び込んでいる子供もいた。

やがて、バケツの中でパクパクしているフナをちゃぷちゃぷさせながら、炎天下の畦道を連なって帰った。戦後の食料難で、何でも子供に食べさせた。独学で薬学専門学校を卒業した親父は、熱をかければ寄生虫でも何でも大丈夫だという信念をもっていた。フナは炭火で焼いて、天日干し、正月の昆布巻きになった。フナの昆布巻きや甘露煮は今では高級料理である。

フナの手づかみ

これは釣りではない。高射砲陣地と呼んだ一帯の田んぼ跡には一面に水が溜まり、フナが湧いている。濁っているので中は見通せない。もともと稲を作っていたところだから、水深は浅く一定のはずだが、その場に立つと、子供の短い足には勇気がいる。何人かの影を信じて、裸足で一歩を踏み込む。冷たい水と泥の中をグニャグニャ、ニュルニュル、ズルズルと潜っていく感覚は子供ながらに気持ちがよいとは思わなかった。2歩3歩と進んでいくうちに自信がついてくる。すると、泥に潜った足を目がけて何かがつっ突いて、指の間や足の裏に入り込んでくる。足をコツくやつがいる。この感触は気味が悪いというよりは、こそばゆく、かわいらしく、親しみを感じ、小ブナと遊んでいるような気持ちにさえなる。5センチ位の小ブナだ。10センチを超える大物もいる。次々に入り込むのを手で捕まえる。このフナを水に浸かりながらどこに集めたのか思い出せない。夢中で獲った。

やがて陽が傾き、子供の影も減り、風を涼しく感じるようになる。こんなときに、思わぬ物体に出くわした。何か硬い冷たい塊だ。足で探っていると、円筒形の重い鉄のようであったが、特に詮索もせず暗くなる前に水から上がった。後に不発弾だと分かってからは、水の中へは入らないようになった。

ザリガニとの格闘

赤い硬い甲殻を持ったザリガニは、アメリカから移入され、戦後繁殖したらしい。大阪のこの周辺でも気がついた時には池や、川という川にはどこにも沢山いた。カニではなく大きなハサミを持った立派なエビだ。このザリガニは大きくなると脱皮し赤くなり、田んぼの畦に穴を掘って住んでいる。その入り口には、ドーナツ状のもこもこした土を盛り上げているので、中にいることが分かる。この穴の前にひざをつき、素手を突っ込んでザリガニと格闘するのである。これはスリルがあった。ヘビやカエルはいないかと、おっかなびっくり、袖をまくりあげてじわじわ右手を突っ込む。穴の中は、広かったり、狭かったり、水が少したまっていたり、深さは肘くらいのものから、肩までズボッと入るものまである。指先に神経を集中して手を入れ進むと、ザリガニは上を向いて待っている。ハサミで戦いを挑んでくる。暗闇の中の敵を想像し、ハサミをかわしながら甲羅を掴み、引きずり出す。大きな赤いザリガニがハサミをブランとさせながら上がってくる。いつも上手く引き出せるわけではない。大きなハサミには勇気がいる。指を挟んだまま出てくるのもいれば、ハサミだけちぎれてくる時もある。こうしてブリキのバケツに集める。

ザリガニは、網でも簡単に捕れるが、雑食性で、するめ、イワシの頭など何でも糸で結んで近くに放り込むと、直ぐハサミで喰らいついてくる。これをそのままそっと引き上げる、という簡単な方法でも、たくさん捕れた。雑食性が水中生物を減らし稲の根を切るために嫌われることになるが、当時は食糧難の時代、我が家ではてんぷらにして蛋白源とした。子供にはえびの旨さは格別だった。

二　小学生の頃

フナの引っ掛け

家から南西300メートル程に、城北《しろきた》運河が流れていた。毛馬《けま》から淀川に通じているらしかった。流れは遅く、透明さはなかった。土砂などを積んだ船が往き来し、空襲で一部が垂れ下がった橋から勇敢な子供が飛び込んで水浴びをしていた。川べりは、きちんとした石で組み固められ、低い手すりが続いていた。水面までは背丈以上あり、落ちれば上がるのは大変なので、ここへ行き出したのは小学校の高学年だ。3本継ぎの竿のウキ釣りでミミズや赤虫の餌に大きめのフナがかかった。

ふつうは雨の後は魚は釣れないものだが、この川は大雨が降ると、子供だけでなく、大人まで集まる。水面のあちこちにブツブツ泡のようなものが噴き出している。奇妙な様子だが、これはフナが群れをなして口を水面に出してプカプカしているのだ。雨の後は水が土色に濁り、酸素不足になっているのである。濁りが消えると潜ってしまう。この集団は数限りなくあった。このフナを長いタモで掬い取ろうとしようものなら、タモを近づけるや否や、一瞬にして姿を消す。フナとの知恵比べだ。

当時の遊びの新兵器パチンコ（Y字型の木の枝の先にゴムひもをつけて、左手で軸を握り、右手親指と人差指で、ゴムひもの間に小石を挟んで、ゴムをグッと引き絞って放し、小石を目標に当てる）を使ってこのフナの集団目がけて小石を打ち込んで、フナを卒倒させ、網で掬う。こんなことをしている子供もいたように思う。

そのうちに、残酷だが妙案を誰かが思いついた。これが引っ掛けで、流行りだした。3本継ぎ位の長めの竿にテグスを十分張り、その先に三本針の大きめの引っ掛け針を付ける。この針は、カワハギなど口の小さい魚を捕るときに使うが、寄せ餌を入れたカゴの下にぶら下げて、上下させながら、寄ってきた魚を引っ掛けて上げる。

さて、この針をプカプカやっているフナの群れの前方にそっと投げ、静かに引いてくる。群れに入るや否や竿をあおってフナを引っ掛ける。機敏にやらないと逃げられる。慣れると次々引き上げられる。醍醐味は、濁った水から大きな鼻先をのぞかせひとりプカプカやっている大物との勝負だ。静かに近づき、息を止めてその一瞬を手に入れる。その引きがたまらない。

ただ、この釣りはどこに針がかかるか分からない。フナも怖いだろう。引っ掛けは生涯この時だけだ。

中ブナ釣り

進駐軍の居留地が近くにあり、周りは池とその外側の背の高い金網で囲まれていた。この池は藻が繁殖し、大きなフナがいることで知られていた。金網のほつれから恐る恐る侵入し、草の陰に身を潜めて釣る。ウキ下も田んぼよりずっと深く、ズルズルと足をとられたら危ない。遠くには、ツバのない四角な帽子をかぶった兵隊が鉄砲を肩にかけてうろうろしているのが見えた。

このフナは夕方に喰いが立った。夕日を正面に浴びながら、うす暗闇までが勝負である。薄暮の水面に小さなウキがスーッと沈む。強い引き込みと格闘しながら上げるのは迫力があった。20センチ前後のフナは、田んぼのフナと違って、黒光りして風格があった。

ヤンマつり

魚じゃない、と言うかも知れぬが、これはリッパな釣りだ。

先に触れたが、当時この周辺では、トンボが種類も数も昆虫時代のように多かった。少し後の時代には、この蚊を喰う益虫は開発と農薬の使用によりたちまち激減した。蚊トンボからはじまり、アカトンボ、シオカラトンボ、ムギワラトンボ、オハグロトンボ、ヤンマ、オニヤンマなどである。

中でもヤンマ（ギンヤンマ）はきれいな色彩をもっていた。胴は緑色で、オスでは尻尾の付け根は空色で、大きな透明な羽は葉脈のようなものが細かく走っていた。メスは違った色彩をしており、尻尾の付け根は明るい緑色、眼や羽や胴の色はオスに比べて少し黄緑色かかっていた。雌雄ではっきり色彩が違う。大きさは羽を広げると10センチ位、尻尾の長さ、羽の広がり、眼の大きさのバランスが美しかった。足を折り畳んで飛ぶ姿は速くて悠々としていて、飛行機を思わせる。捕まえても長生きする。これが、つりの標的になった。今では生き物の虐待と言われて叱られそうだ。

トンボは、虫捕り網で捕まえるのふつうであるが、アカトンボやシオカラトンボなどの中くらいの大きさまでで、ヤンマは苦労する。早朝の露が降りたカイズカイブキの生け垣に保護色をして止まって寝ている間に網で捕まえる。このような捕り方はトンボつりではない。

自分で道具を作らなければならない。小指の先ほどの小石を2個探す。これを色のついたアメの包み紙やセロファン紙の切れ端で丸めこんで絞る。これを60センチほどの長さの細いミシン糸の両端に抜けないようにシッカリ結ぶ。これで道具は出来上がりだが、使うのにテクニックがいる。小さな2個の小石の包みを左手の指先で軽くつまみ、糸の真ん中を右手の人差指に引っ掛けて、空に向けて投げる。小石で結ばれた糸は弧を描きながら落下する。ヤンマが小石を虫か蚊と間違えて追ってくると、羽がこの糸に絡んで飛べなくなり、糸が縺《もつ》れてガシャガシャ音を立てながら落ちてくる。これを追っかけてすぐさま両手を被せて掴む。咬まれないように、羽を傷つけないように糸をほぐし、羽をたたみ、左手の指の間に挟んで終了である。この道具をポエランと呼んだ。どういう意味か、誰がつけたのかも分からないが、スピニングリールなどよりずっと難しい。小石では軽いので、高くは上がらない。ボルト、ナット、自転車のベアリングの鉄の玉など、秘密兵器を使う者もいた。

夕焼けが近づくと、行水を浴び天花粉《てんかふん》の匂いをさせながら、半袖、パンツ、下駄履き姿の子供達が大勢公園に集まってくる。夕闇が迫るとトンボが次々と音もなく、東西南北のいずれの方向からも、あるいは上空を夕日を浴びながら悠々と、あるいは家の屋根すれすれに、低空飛行で猛スピードで公園に侵入してくる。戦闘機のようだ。コウモリもひらひら混ざっている。蚊が出るのだ。やがて公園内は「ポエラン」、「ポエラン」という掛け声、ガシャガシャとトンボがかかる音、せわしく走り回る下駄の音で、薄暗くなるまで満ち溢れる。このヤンマは鳥かごのような大きなものに入れる。

ヤンマのつり方にはもう一つある。これはもっと生物学的である。よく2匹のトンボが連なって堂々と空中ランデブーしている。ロマンチックな姿だ。オスのヤンマが尻尾の先端のフックでメスの頭にカギをかけて従えている。メスを見つけるとオスは猛スピードで追いかけ襲い掛かる。空中で一瞬何が起こっているか分からない大乱闘が起き、そのまま自然落下したかと思うと、2匹連なって悠々と飛びはじめる。これを見て、オスのヤンマを捕まえる事を思いついたのは、さすが人間の知恵だ。

メスのヤンマが貴重だ。前日にポエランで、または早朝に網で捕まえておく。1メートルほどの糸の端に、脚の間を胴から背へ糸をかけて結び、他端を短い竹などに結ぶ。このメスを放って飛ばす。「ラッポーエ」という意味不明の節回しで歌いながら回すと、オスは猛烈なスピードで飛びついてきて、空中サーカスをしながら激しくもつれ合い、ガチャガチャ音をたてて落ちて来る。竹棒を離してすばやく飛びつき両手で蓋をする。しがみついているオスを離し、指の間に羽を挟む。メスは健在なのでまた「ラッポーエ」とやる。

これは真昼の炎天下にやる。丁度家の前の一角は田んぼで稲を植えたり、芋や野菜を作った時期があった。新開地、終戦後の食糧難、ということで、このような空き地があちこちにあった。ヤンマがこの一角を自分の陣地のように田んぼ・畠すれすれに旋回していた。ヤンマつりは戦後の真夏の忘れられない風景である。

オスのヤンマは上空にヤンマが飛んでくると、かなりの上空でも、オス・メスに拘わらず、すぐさま急上昇する。メスであれば確実にわが物にするが、オスなら途中で引き返してくる。どうしてオス・メスが分かるのか。このトンボの千里眼には子供ながらに不思議に思った。雌雄のはっきりした違いは、尻尾の付け根がメスでは緑色、オスでは空色であることと、その部分の下側の構造がメスではのっぺらぼうだが、オスでは複雑な穴らしいものが開いている。オスはこの色の違いか、構造の違いか、またはその両方か、いずれを認識して、雌雄を確かめているのか。下からでは上部の緑色は見難い筈だが。

ある時、実験をした。死んでしまったメスの尻尾の根元の部分を筒状にちぎって、これをオスのその部分にはめ込んで、そのオスを「ラッポーエ」とやってみた。オスヤンマは直ぐに追いかけてきたが、なんとなく元気がない。見破られたかと、今度はスピードを上げて「ラッポーエ」とやると、ガチャガチャ喰らいついてくる。

次の実験は、弱ったメスでおびき寄せて、直ぐ着地させ、オスには尻尾の緑だけ見せ、下側は見せないようにする。それでもオスはじっとしたメスに襲い掛かる。究極の実験は、ふらふらのオスの尻尾の付け根に緑色の絵の具を塗りたくり、また「ラッポーエ」、着地。今度は1メートルほど上で、羽をブルブル震わせヘリコプターのように留まっていたかと思うと、飛びついた。尻尾の付け根の色や構造が重要な雌雄識別の鍵らしい。トンボの目と脳神経は素晴らしい創りだ。

魚でも似た釣り方がある。鮎の友釣りがそれだ。こちらは、自分の領域に侵入してくる囮《おとり》の鮎を攻撃して針にかかってしまう。トンボも本能に夢中になっているうちに捕まってしまう。

三　中学・高校・大学の頃

タイワンドジョウと友達

戦後5年目。ボツボツ周囲も少しは落ち着いてきた。気ままに過ごした小学生時代に比べて急に窮屈になった。教育に熱心な父親は、京阪電車に乗せて天満橋にある中学校に私を通わせた。大阪市の中心に近く、行動範囲は一挙に広がったが、釣りの思い出は殆どない。この中学校にはあちこちから、いわゆる越境の子供が多かった。その一人に、郊外の門真《かどま》という同じ京阪電車の沿線から通っている子供がいた。

真夏のある日、この子がタイワンドジョウを釣りに来いと誘った。ライギョのことだ。どんな魚か、見たことがなかった。その子の家は農家であった。田んぼ・畠の一角に蓮池があり、大きな蓮の葉が水面を覆っていた。その子は、太い物干し竿を両手に抱えて持ち出してきた。その先の短いひもには大きな針がついていた。殿様ガエルをつかまえその足を括りこの針につけて、逆さに吊るした。僕のできる芸当ではない。傍で見ているのが精いっぱいだった。

これを持って蓮の葉の隙間にカエルが泳いでいるようにピチャピチャさせる。すると大きなやつがガパッと音を立てて喰いつく。後は格闘だ。やつは水面・水中を跳ねながら逃げ回る、その子は物干し竿に喰らいつき、引き上げようと懸命だ。やがてドサッと大きなタイワンドジョウが畦道に上がった。立て続けに3匹上げた。

蓮の葉の下に日差しをよけて悠々と潜んでいるやつも不気味だし、猛烈な勢いで飛びつく姿は獰猛だ。大きなたらいに胴を曲げて沈んでいる3匹のやつは、魚とは言いがたい。頭はヘビのように扁平で、大きな口、胴の斑点が爬虫類を思わせた。食用目的で移入されたそうだが、そのあとこの3匹はどうなったか知らない。早々に電車に乗って帰った。

高校の3年間と浪人の1年間は少なくとも記憶に残るような釣りはしていない。大学受験を控えながら映画、とくに洋画がもっぱらの気分転換だった。自然とはシャットアウトの生活だ。

大学入学の開放感が遊びという余裕を呼び戻した。社会に出て働いている友人もあろうに。音楽（ジャズからクラシックまで、歌声喫茶）、スポーツ（スキー、山登り）、旅行などが、当時の若者の健全な遊びのジャンルであった。私はクラシックギターに熱中した。

釣りなどはヤボったい遊びで、時々小物釣りをした程度だ。そんな思い出の一つがある。

柳の下のナマズ

入学して間もなく、近くの友人I君と生駒山に向かって四条畷《しじょうなわて》の近くまで自転車でフナ釣りに出掛けた。生駒山が眼前に迫っていた。川幅は広くなく、水は土色に濁り、岸には草が茂り普通の川であった。友人は、柳の木が覆いかぶさって陰を作っている場所を選んだ。やがて型のよいフナがかかり、柳にくくりつけた生簀《いけす》に入った。と、友人の竿がしなりビンビンなった。格闘後に頭をのぞかせたのはナマズであった。友人はタモで掬いあげた。ずっしりと重量感のある大物だ。彼はそれを手で掴んで生簀に入れ、口元をグルグル縛り、ご満悦の様子だった。

昼飯の握り飯を食べて、私はナマズがどうしているか見たくなった。それで、生簀の口の紐をゆるめて底を覗き込んだ。大きなやつが尾を丸めて広い面積を占めているな、と思ったその瞬間、彼は私目がけてブリッブリッと飛び上がってきた。次の瞬間ボチャンと川の主に戻った。あっけにとられている私に、友人は平然としてくれた。

私はナマズが可愛らしいとは思わない。うろこが無く丸くぬるぬるしたからだに小さな目と長いひげをつけた黒い固まりが好きになれない。さらに地下に潜む不気味な印象が加わる。小さいが相似形のおたまじゃくしも、手足が生え出さなくても薄気味が悪い。自然に対する偏見はどうしようもない。

この友人とは、淀川を渡し舟で向こう岸に渡り、流れの速いところでハヤ釣りをしたり、河川敷の溜りで赤い尾ヒレのフナを釣ったりした。

四　社会人になって

社会人になると、収入により自由度が広がる反面、労働時間の束縛を受ける。「金がない」から「時間がない」に変わる。よほど釣り環境がよくない限り、いつでもできるものではない。

室内釣堀

昭和40年頃だろうか、森小路の駅からの帰宅途中の商店街に室内釣堀が突如できた。年末の休みにどんなものか入ってみた。商店を改装した狭い室内に、周囲のスペースを残して、木の枠で囲われたプールがあった。水は濃い緑色で中は全く見えない。ストーブが入り、大変な湿気だ。何人か先客がいた。

1メートルほどの短い竹竿に仕掛けがついたものを借りる。餌はさなぎダンゴだ。この中の見えない風呂池には大きさがまちまちのフナや鯉も入っているらしい。緋鯉は嫌だなと思いながらウキを手元に落とした。小さなウキが少し沈んでスーッと横に動く、潜らない。平らな底を魚が這っているためだ。手ごろな大きさのフナが手元の生簀に入った。もっと大きなのはいないのかと待っているうちに、ズシンときた。プールの中を所狭しとバチャバチャ逃げ回る、短い竿はしなりっぱなし。店の主人は外れるのをジッと待っているのかもしれない。やがて、フラフラになった30センチほどの太ったフナをタモで掬ってくれた。大物はしょっちゅう釣れるようには入っていない。私の竿にだけかかってきた。

終了時には釣ったものを全部放す。店主は同じくらいの大きさの冷凍鯛を出してくれた。暮れの準備に忙しかった母は大喜びで、正月の食卓に初めて塩焼きの鯛が並んだ。

和歌山での釣り

南海電車で大阪府南端のトンネルを抜けると紀の国、和歌山である。私は一時期の会社勤めをやめ、和歌山の大学で基礎医学の研究に携わるようになった。研究室は教室員や大学院生、学部学生のほかに、企業から出向の研究生など、多くの若者であふれていた。その息抜きが釣りであった。紀伊半島を囲む海岸線は至る所、釣りのメッカであった。海釣りの基礎はここで固まった。

グレ釣り

研究室には若いI医師が博士号の研究に来ていた。私の釣りの先生であった。いつもニコニコされており、ダットサンの前に立って両手でブルッブルッとエンジンをかけ、あちこちへ実地訓練に連れて行ってもらった。釣針の結わえ方、テグスの結び方など教わったことを、子、孫に伝えている。ウキ釣りが主だった。

市の中心から近い景勝地に和歌浦がある。この出っぱった先が雑賀崎《さいがさき》である。台風が近づき少しうねりが出始めると、魚だけでなく、この先生も騒ぎ出す。そろそろやな、と先生について出掛ける。その先端は切り立っていて、狭い石ころ道を斜めになって下って岩場に出る。先生は場所を心得ていて、ここでやりましょかとなる。3間の柔らかい竹の継ぎ竿に、細長いセルウキをつけ石ゴカイの餌で釣る。うねりの中にグレの影が見える。ここのグレは手を広げた巾より少し大きいくらいで、大物はいなかった。このグレがウキを沈める姿は実にいい。チョコチョコでも、ピクピクでも、ピクピク・グーイでも一気にグーイでもない、ス・スーウとなんとも優雅に消しこむ。一拍おいてふつうに合わす、外れることはない。引きも結構ある。黒っぽい青緑色をした、均整の取れた魚体、さびしそうな目つき、グレには気品がある。満足感に包まれて夕暮れのガケを上る。

淡輪《たんのわ》のメバル

この先生は、いつ、どこで何が釣れるかよく知っている。大阪府の南の端、淡輪に、早朝メバル釣りに出掛けた。海岸は一面にモヤがかかっていた。海水表面から上がる水蒸気が寒さで凝結し霧となって、低いテトラポッドの上を流れていた。さあ、やりますかと、先生。餌は生きた透明のエビだ。アノラックに身を固め、かじかんだ指で、動くエビを針に通す。テトラポッドの際にこれを投げ込む。白いセルウキがモヤの中に優雅に漂う。下にはメバルが大きな目をして餌を探していると思うといじらしくもなるが、こちらは寒さの中ブルブルと必死だ。霧の水面に沈み込むウキは空恐ろしい。何か魚ではないものが引き込んでいるような気さえする。手のヒラ大のパッチリとした目のメバルが上がってくる。針を外しながら、このメバルから海のぬくもりを貰う。陽が上がって霧が晴れてくると、帰りの時間だ。釣れたメバルは下宿のおばあさんに煮て食べてもらった。

湯浅のカツオ釣り

研究室は、京都の大学の研究室と交流があった。夏休みのある日、両方の研究室が教授を筆頭に総出で湯浅にカツオ釣りに出掛けた。湯浅は和歌山市から海岸沿い40キロほどにある商工業地・漁港でもある。醤油の発祥地としても知られる。

船宿に泊まって、早朝に30人ほどが2艘の釣り船に分かれて乗った。何も持たず、身ひとつで乗り込む。すべてが船頭任せというよりは、船頭の釣りだ。しかし、このカツオ釣りには指揮者が必要なことは直ぐ分かった。岸が遠くなったところでエンジンが止まり、船には静寂が戻る。船頭は、皆を船べりに沿って間隔を置いて座らせ、変哲もない竹竿を一本ずつ配った。太いテグスの先には大きな毛ばりがついている。それから、船頭は、イワシか何かを切り刻んだものをバケツにいっぱい投げ込んだ。

それからが大変だ。カツオが集まってきて、群れで水の色が変わるほどだ。すかさず船頭が、「やれ！」と声をかけた。竿を出すと、一瞬にして竿先が引き込まれる。大洋の回遊魚は、動物だ。逃げ回るカツオをぐいぐいと力ずくでこれを引き抜く。隣も、その隣でも、船中がこれだ。カツオの引きに負けると隣、その隣と絡み合う。船頭が瞬く間にもつれをほぐす。引き抜いた30から40センチのカツオは船底にドタンと落ち、戻りのない針はすぐに外れてバタバタと跳ねながら船底の生簀に滑り込む。この間船頭は、カツオの群れが逃げないように人知れずバケツで撒き餌をしている。

一段落して、気がついたら、爽快な疲れがでていた。また、ポンポンというエンジンの騒音を真夏の日差しのもとに聞きながら、一同港に戻った。

南紀の磯

周参見《すさみ》の磯釣り

紀伊半島の南の海岸は黒潮に面し、椿、周参見、見老津《みろつ》、潮岬にかけては絶好の岩場が続き、磯釣りのメッカである。やがて、足が向くようになった。周参見には研究室が常用した釣り宿があって数人でよく出かけた。シーズンは秋だ。

磯釣りは装備が大変だ。当時は磯竿はまだ竹が主流で、4本継ぎ6メートル位、頑丈で柔らかいことが条件だ。ガイドつきで、リールを装着する。竹竿は、間もなく軽くてよくしなるグラスロッドに、やがてはカーボンロッドに変わる。仕掛けは小物釣り用は役に立たないのですべて新調しなければならない。磯釣りは上物《うわもの》といって中層以上の魚を釣るものと、底物といって石鯛やクエのような底の大物を狙う釣りがある。底物では装備が一層大きくなる。上物から始めるのがふつうである。

暖かい和歌山でも秋の朝は寒い。アノラックが要る。まずリュックを背負う。ここには釣り道具のほか、食料、衣類、手ぬぐい、軍手、カッパ、わらじ、ヘッドランプ、などが入っている。上には橙色の救命胴着を括りつけておく。次に、ずしっとした竿ケースを右肩に掛ける。竿、リール、ウキ入りケース、竿掛け用の鉄棒、金槌、その他の小物を入れる。次は、生簀を入れた重たいクーラーを左肩に掛け、長靴を履く。これで両手をフリーにして、タバコをふかしながら出発だ。

出掛けるのは週末の土曜日だ。今のように土曜は休日ではない。仕事が終わって、ウキウキしながら準備をし、皆で和歌山駅に向かう。大阪天王寺発の鈍行の夜行列車を待つ。和歌山には日付けが変わっての到着だったと思う。すでに満員で入ってくる。網棚はリュックやクーラーでいっぱい、その下にはカラフルな釣竿ケースが連なってぶら下がっている。タバコの煙、ビールやつまみの匂いが充満している。スキー列車と似ている。違っているのは、疲れているためか、女気がないからか、にぎやかではない。我々は通路やデッキにクーラーを置いてその上にうずくまる。雑談も束の間、ゴトン、ゴトン、ピ・ピーを聞きながらうとうとする。白浜を過ぎるとボツボツ客が降り始める。

周参見に着いた。街灯を頼りに船頭の家へたどりつくと、寝静まっている。部屋には釣り客が雑魚寝をしていた。隙間でうとうとし始めると、もう夜がほんのり明けてきた。船頭のお出ましで、釣り客がざわめきだす。帽子にヘッドランプをつけ、救命衣を身体に結び、わらじを靴に結わえる。一行は船着場へ下りて乗船。暁暗の中、太平洋へポンポンと出発。地磯から少し離れると、次々と現われる形の違う岩を縫うように進む。この岩場の島は、あしか、かつお、長島、三つ石、などと、大小すべてに名前がある。魚種、魚影、釣りやすさ、危険度、など船頭が教えてくれる、船頭は、岩場の波の静かな場所を選んで船を着ける。釣り人は揺れる舳先からゴツゴツの岩に飛び移り、荷物を下ろす。釣り客を全部降ろすと、船は昼ごろまでは現われない。

磯に上がると、まず釣り場所を決める。岩の間に竿掛け用の鉄杭を2本金槌で打ち込む。馬蹄形の竿受けを取り付ける。次は、撒き餌用のエビの冷凍ブロックを生簀に入れて海面に投げ込み、流されないように長い紐で竿掛けに結わえて、解凍するのを待つ。ここで一息つく。ヘッドライトは要らない、日の出前の明るさが気持ちよい。竿を継ぎ、リールをつけ仕掛けを作る。

解けたエビの撒き餌から始まる。猛烈にくさい。さしエビを針につけ、3ひろ以上のウキ下で釣る。長いウキが水面に横たわり、スーッと立って波間を上下する。至福の一瞬である。

ここの磯は魚種が豊富で、グレ（メジナ）、イガミ（ブダイ）、アイゴ、イスズミ、ニザダイ、タカノハダイ、カワハギ類など、どれも30センチを超える。グレはコッパグレと同じように優雅にウキを消しこむ、引きも強い。

イガミもよく釣れた。波がない時には、岩礁近く、餌に喰いつくのが見える。ズシンとした重みで上がってくる、カラフルで出っ歯のひょうきんな顔をしている。

ニザダイは黒っぽく、縦にうすべったく、口をつき出し、タイというよりカワハギの面構えをしている。この魚は引きが大変強い、広い範囲を猛スピードで逃げ回る。旨い魚ではない。

アイゴも引きが強い。暗い茶褐色で白っぽい斑点をもち、いかめしい顔をした魚だ。この魚はヒレに毒をもっている。うっかり触ろうものなら必ずちくりとやられる、痛い、小便を掛ける。これを知らないとアイゴ釣りはできない。旨い魚で、ファンが多い。

特にイガミとグレは影が濃かった。初心者にもよく釣れた。岩場が高いので、ごぼう抜きで引き上げる。

ある時、仲間のEさん、Mさんは生簀とクーラーを持たずに、釣れた魚を私の生簀に入れた。迎えの船が来る時間になり、引き上げると、中にはイガミがずっしりと入っていた、大きさはまちまちだ。さあ、困った。これをどうして分けるかだ。自分で釣った魚の数は分かるが、大きさまでは分からない。このままクーラーに詰め込んで、研究室に戻ってから分けるのにどうするのだろうと、思いながら、帰りの列車に乗り込んで、ビールを飲みながらうとうとした。日曜日の研究室に戻った。さて、イガミの山分けはどうなるか。これは全くの杞憂だった。2人は、流しに広げたイガミの中から、自分が釣った魚を何気なく掴み出した。自分の所属品の尻尾にそれぞれハサミで切れ込みを入れていたのだった。さすがに優れた研究者だ、問題を残さない。

クエ狙い

イシダイ、イシガキダイ、クエなど、底物といえば、身の毛がよだつものだ。魚拓釣宿には欄間に所狭しと、大物の魚拓が貼ってあり、釣り人を吸い込む。魚拓というのは立体を平面に写し取るため魚体が広がり、また目玉は後で墨を入れる。これで威圧感が出る。とにかく、底物釣りを幻で終わらせたくない、というのがMさんだ。彼についてクエを夢に周参見に出掛けた。

夕方磯に上げてもらった。島は危険なので、底物が出るという地磯にした。岩の荒さは変わらない。明るいうちに、竿掛け用の金具を岩の割れ目に打ち込み、竿を出す場所を決める。次は、小さなテントを岩場に張る。一夜を過ごし、釣竿をここから監視するのだ。次は、サザエ、ウニを金槌で叩いてつぶし、撒き餌する。底物釣りは投げ込みで、ウキは使わない。竿も底物用として太くて頑丈だ。竿尻には輪がついていて、強い紐を通しておく。太い道糸をつけたタイコリールを使う。ハリスはワイヤー、重たい鉛の錘《おもり》と、底物針をペンチで取り付ける。

やがて日没だ。サザエを割って、針に通し、ドブンと投げ込む。糸を張って、竿を竿掛けに掛けて竿尻の紐を岩の出っ張りに括っておく。竿先から海面に向かって斜めに張っている道糸をジッと見る、波の音が心地よい。

日が落ち夕闇だ。夜気を避けて、テントの中から、暗がりの中に竿先の影の動きを見る。

やがて、竿先がビュンとうなりを立てて水面に潜らんかの勢いでしなる、飛び出して、竿を立て、腰に力を入れてリールを巻く、岩に引っ掛かったように重くなる、かと思うとまたリールが鳴りだした、こちらも負けずに巻く。薄暗闇の中で格闘の末、ベタベタと重たいものが岩場に上がった。ヘッドランプで照らすと、大きなウツボだ。鋭い歯をしており、指に噛み付いたら離さないそうだ。くねくねして力が強く、ペンチで針を外すのが大変だった。この夜は、2人で何匹かのウツボを釣ったが、クエはかからなかった。

明け方の船で帰った。ウツボは褐色で複雑な斑紋をもち、獰猛だが旨いらしい。

雨の磯

一行は夜行列車で勇んで周参見に到着
夜明け前に磯に上がり、懐中電灯の明かりで仕掛け作り
薄暗い海にヤーッと竿を出し寒い中をジッと我慢して待つ
一同数名、それぞれの場所に陣取っている
横顔か後ろ姿しか見えない

アタリがない
空がボヤーと明るくなってくる
しかし太陽はなかなか上がってこない
そのうち雨がしとしと降り出す、ますます寒くなる
ウキが潜る、沈黙の中に引っぱり上げる
ムロアジだ
繰り返し投げる、またムロアジが喰った

磯も人間もびしょぬれ、竿を持つ手が冷たい
寒くてもう釣りなんかどうでもよい
私は竿を置いた

しかし、こんな時にも、悠然と竿を出している人影があった
釣りとはこういうものかと教えられた

コロ鯛　39cm

グレ　30cm

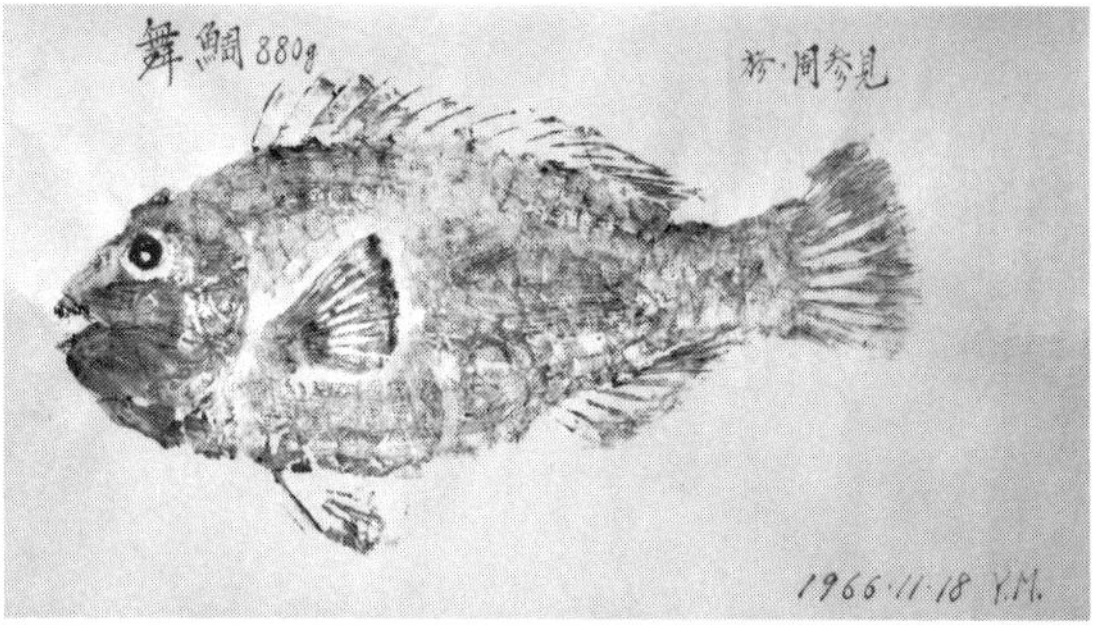

舞鯛　36cm

ニザダイ　33cm

大西洋のブルーフィッシュ

1969年4月から2年間、米国ニューヨーク・ブルックリンの大学に研究に行くことになった。日本では学生運動の最中、人類が初めて月面に降り立った年である。

同じ研究室の韓国出身の学生Cさんが、ロングアイランド沖で、サバに似たブルーフィッシュが釣れる、食べて旨い、乗合船で行ける、と教えてくれた。

土日の連休が有り難かった。6月の末、曇り空、ロングアイランドのフリー・ポートの港から、乗合船に乗る。物好きな女房もついてきた。クルマで港に着くと、岸壁にはすでに屈強そうな釣り人が十数人集まっていた。皆手ぶらで、帽子をかぶり、手袋をはめ、タオルを首に巻きつける程度で、普段着だ。道具は全部貸してくれる。カッパと長靴も。乗合船はかなり大きく、中央には十分収容できるキャビンとトイレがあった。船縁の手すりは高く胸ほどある。

全員が乗り込んで、船が走り出した、スピードもある、細い水路をぬけて、大西洋の大海原に出た。揺れが大きくなりだした。沖に出るにしたがって、縦揺れ、横揺れがひどくなってきた。これ位の波は何のそのと、船は沖へ沖へ。一人、二人、三人、四人、そのうち全員がフラフラしてキャビンに座り込む。キャビンの窓には、波の壁と曇り空が交互に現われる。柱にしがみついて必死に耐えている者、外へ這い出してはまた戻る者、隅に丸まって動かぬ者（女房）、など様々だ。

やがてエンジン音が止まった。さあ、漁場だ、という合図だ。船は走りを止めても依然かなりゆれる。冗談じゃない、ふらふらだ。デッキに出て手すりにしがみついていると、船頭が釣竿とドンゴロスの大きな袋を配る。次に頭を取ったイワシを針に通して、さあ竿を出せという。竿がまた重い。海面に落とすと、あっという間に流れて、糸が出て行く、やがてリール音が止まり、一定の重さをずしりと感じるようになる。これでアタリを待つ。顔は波しぶきを浴びて塩辛い。

いつの間にか船縁は釣り客が一列に並んで竿を出している。船酔いなんかなんのその、釣りへの執念はたいしたものだ、と船頭はそれを知っている。気がつくと金髪の女性が混じって釣っていた。女房はまだキャビンの中。

強い引きに竿がしなる、腰を入れて手すりにしがみつきながらリールを巻く。大きなブルーフィッシュが現われた。船頭がフックを掛けて素早く取り込んでくれる、それをドンゴロスの袋に入れる。また、イワシを掛けて投げこむ。アタリは釣り客に公平にやってくる、船頭はどこでも忙しい。帰るころには、疲れた顔をした女房が下から出てきた。袋には4匹の40センチほどのブルーフィッシュがずっしりと重かった。セーター姿で帰路を急いだ。

四　社会人になって

五　大阪岸和田で

帰国後（１９７１年）、住まいは大阪府岸和田市春木の公営団地に決まった。見晴らしよく、大阪湾が見え、春木の波止場までは歩いて直ぐだ。上の子供2人はここで幼少時代を過ごした。和歌山へは、南海電車で通勤した。釣りの範囲は自宅近辺に限られるようになった。

大阪湾は昔から「チヌの海」と歌にも詠まれている。関西国際空港が泉佐野沖に着工（１９８７）するのは先のことで、まだ十分に釣りが楽しめた。空港が完成し、近辺の埋め立てが進み、すっかり変貌したが、「チヌの海」はどうなっただろうか。

岸和田のチヌ

春木の岸和田漁港から、正面の一文字防波堤やテトラポッドへの渡し船が夕方出る。半夜釣りである。中年のカッコいい船頭に、小柄の可愛い嫁さんが風呂上りのつやつやした顔にクリームの匂いをさせてついてくる。いい釣り場で釣り人は多い、何回も運ぶことがある。防波堤の外側は高くて狭い。この上で釣る。電気ウキか脈釣りであるが、ここではいつも脈釣りをする。

チヌ釣りは、音と光をきらう。懐中電灯は他の釣り人に迷惑だ。海面を照らさぬよう細心の注意がいる。遠方の港の光をバックにし、月の光で針が結べないと駄目だ。夜釣りのハリスは太めの3号、ごぼう抜きなので細いと切れる。この時代にはグラスロッドの軽くて柔らかい、強いリール竿が出回った。餌はゴカイ類で、フクロイソベとか特にマムシという大型の光るものが喰いがよかった。

防波堤に立ち、ハリスを2メートル以上とり、錘は重くなく穂先に感じる程度で、マムシをつけて、水際1メートル近くに垂らす。竿を下に向け、ゆっくり、ゆっくり、そーっと、這うように、防波堤の上を進む。時折深さや、遠近を変えて探りながら。

チヌが喰いつくと、たるんだ糸に微妙な動きを感じる。一人、暗闇の中で神経を集中し、チヌの動きを冷静に想像する。器用そうな口先で餌をくわえてどんな風に戯れているか、と。用心深い魚なのだ。少し引っ張っていこうとすれば、逆らわずにそっと糸を出してやる。チヌの合わせは、タバコを一服してからという。そのうち、安心したチヌは餌を飲み込む、異常を知ったチヌは我慢しきれなくなって竿を引き込む。向こう合わせだ。逃げようとしているのだ。だから引きが強い。逃げる間を与えない合わせ釣りとは違う。ここでは型は30センチほどのが釣れた。

岸和田漁港の防波堤は、アジ、サバ、イワシ、ハゲ、などの小物釣りの家族連れで賑わい、冬は寒風の中、投釣りでカレイがよく釣れた。

黄ビレチヌ　30cm

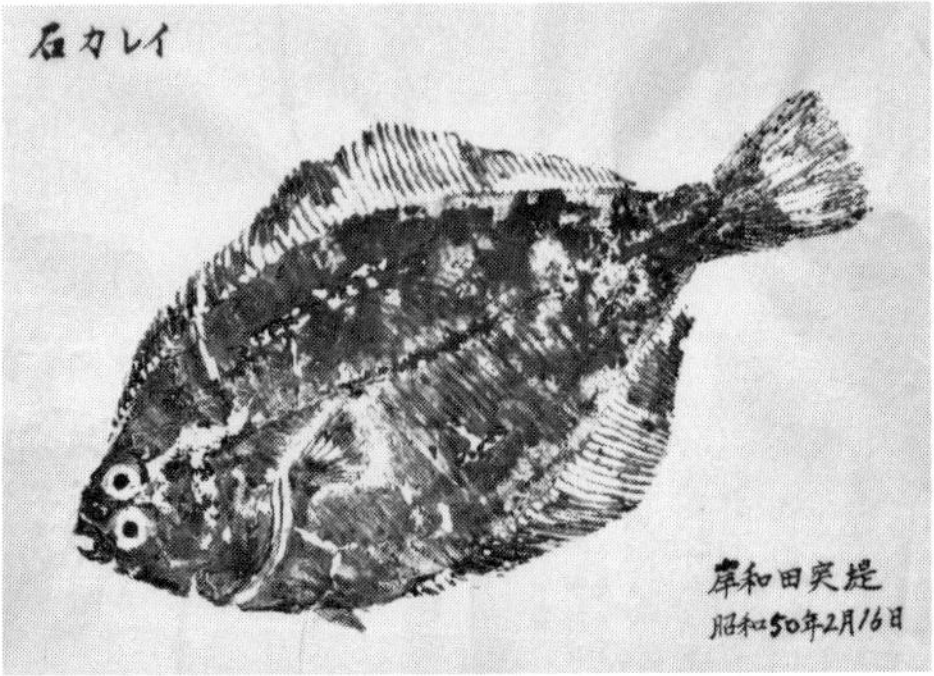

石カレイ　29cm

カレイ　23cm

アイナメ（アブラメ）　23cm

材木の下のスズキ

春木から泉大津の方向に自転車で少し走ると、材木港があった。近所の釣道具屋が、ここで大きなスズキが釣れるという。2間半のリール竿を薦められて買った。穂先は少し太いが手元は太くなく握り易い。胴調子の竿だった。餌は生きたエビだった。

材木港は、護岸コンクリート堤が終わるところに大きく囲われていた。堤に上ると内側は大きな丸太の材木が、動かないように、数本ずつまとめて繋がれて、広い港内を埋めていた。この丸太のいかだに飛び移って釣るのである。いつも何人か竿を出していた。波も受けず、鏡のように静かな水面にポチャとウキの落ちる音がする。少々の風はヘイチャラである。まるで釣堀だ。長い竿などいらない、かえって扱いにくい。浮き下は深い必要はない。木についた虫が海に運ばれてきて、塩水に弱り丸太から這い出し落ちていく、これを下でスズキがパクついている。材木の下に大きなスズキがうようよしていると思うとゾクゾクする。通っているうちに50～60センチを何枚か上げて魚拓にとった。そのうちにもっと大きいやつを、となってきた。

夕暮れが近づくやまた出掛けた。人と離れた丸太に陣取る。釣竿、餌箱、タモが3種の神器である。丸太の上は厄介だ、落とすと終わりだ。リール付の竿は直ぐさま消えてしまう、あわてると自分が危ない。ピンピン動くエビをつけて、材木の間にウキを立て、尻を丸太にしっかりと乗せて待つ。スズキは勢いよくウキを消しこみ持っていく。それからが一仕事だ。

両足を前の丸太に踏んばり、竿尻をへその下につけ、左手で竿を支え、右手でリールを操る。スズキはプールの中を右へ、左へ、走り回る。そのうちビシャ、ビシャと2、3度はねる。これまでになく力強く、しぶとい。近くの釣り人の、「ごっついど、ごっついど」という声が聞こえてくる。

やっとスズキが弱ってきたようだ。慎重に慎重に手元に引き寄せ、タモに掬おうとした、タモが小さすぎて入りきれない！　仕方がない、尻尾を出したまま、丸太の上へおろした。弱っていたと思っていたスズキは正気を取り戻し

スズキ　55cm

た。簡単にタモから自力で飛び出て、丸太の間にゴロンと寝転んだかと思うと、ピシャッ、と跳ねて水中に消えた。

　一部始終を見ていた釣り人からは、ひと声もなかった。

春木港のタチウオ

春木港へは、子供達に短い竿とバケツを持たせて、お供した。小アジや小サバの入れ喰いにはしゃぐ姿は悪くない。近所の子供を集めて連れて行ったこともある。

夜暗くなると港の灯が点灯し、この明かりに魚が寄ってくる。

タチウオが釣れると聞いて、耳を疑ったが、ほんとであった。それも次々釣れる。40センチほどで結構面白い。3間の竿でウキ釣りだ。歯が鋭いので、針をナイロンのハリスで結ぶと太くても切られるので、細いワイヤーを使う。イワシの切り身を餌にする。

この魚のアタリはお粗末だ。モゾモゾ、フラフラといった感じだ。群れをなして立ち泳ぎをして餌を待つらしい。そのアタリからも想像できる。一旦喰いつくと、細長い魚体をくねらせながら抵抗するが、間もなく銀色の紐のようにヒラヒラ上がってくる。食べるには細すぎる。夏の夜、涼みがてら出掛けた。

六　新潟の釣り

1979年、新潟市に新設された薬科大学に赴任した。海岸近くの砂地に建っていた。日本海に面した研究室からは白い海岸線が見えた。「ゥみーは、あーらうーミ、ムこーオーは、さーあどーよ」と、短調で歌われた五十嵐《いからし》浜である。佐渡を正面に見る日本海の観測所でもあった。冬は大荒れだが、たまに凪の日には海面から湯気が立った。ここで定年を迎えるまで教育に、研究に、子育てに、忙しく過ごした。退職の年に、大学は郊外の新津丘陵に移転した。

当初はすぐ近くの浜辺にゴムぞうりで出かけ、キスや小鯛の投げ釣り、シジミ捕りを子供達と楽しんだ。やがて、全200キロに及ぶ新潟の海岸線のうち、北は関屋《せきや》海岸、信濃川・阿賀野《あがの》川を越えて新潟東港、胎内《たいない》河口辺りが、南は内野《うちの》漁港、巻《まき》漁港、さらに角田《かくだ》岬・間瀬《まぜ》漁港を通るシーサイドライン、寺《てら》泊《どまり》港までが手軽な釣り場となった。

二度あることは三度ある。海の近くを選んで移動しているわけではないが、和歌山、岸和田、新潟と、人生の大半以上を釣りから見放されずに過ごすことができた。

五十嵐浜のボート釣り

春爛漫、研究室のT君が「先生ボツボツ行きましょう」と言いだした。彼は新潟の海を見てどうも釣りを決心したらしい。絶えず、釣道具屋から情報を仕入れてくる。小針《こばり》の浜茶屋から手漕ぎの二人乗りボートを借りた。麦わら帽、襟にタオル、ゴム草履、竿1本ずつ。ボートくらいは漕げるのだが、彼は自分でさっさと漕ぎ出した。沖へ少し出て浜茶屋が正面に見える場所で、竿を出した。投げ釣りで砂地の小物を釣る。のんびりした釣りだ。キス、カレイ、コチが次々と二人の竿にかかってきた。静かな海は爽快だ。

気がつくと、正面の景色が松林に変わっている。海から陸地を眺めるのは初めてで、位置がつかめない。景色の動きから東へ流されている。間もなく関屋浜で、やがては信濃川河口だ。それに気づいたT君、竿を上げて真剣な顔で、懸命に漕ぎ出した。お陰で浜茶屋に帰り着いた。この釣りで、彼はオールを手離さなかった。

その後、角田浜の磯に一緒に出掛けた。夕焼けが始まり、さあ、これから釣れるぞ、という時間になると、「先生、もう帰りましょう」といって、仕掛けを仕舞い、連れて帰ってくれる。夕闇が迫ると、いつもこれだった。釣りは一人で来た方がよかったと思ったが、この思いは彼にしても同じだったろう。

事務長Mさんは、地元の国立大学から定年後に来られたベテランだった。この方、釣りが大好きで、エンジン付のボートを持っていて自分で操縦する。一人で海に出るのは、面白くもないし、不便な時もある。私の釣り好きを知って、何度かご一緒した。早朝、Mさんのクルマで内野漁港につながる新川《しんかわ》に到着すると、土手の狭い草むらにクルマを停める。土手を下り、桟橋まがいの危なっかしい足場から三人乗りの小型ボートに飛び移り、係留綱を解く。

水門が開くと同時に、ブルブルとエンジンをかけ、朝日を浴びながら一気に海に出る。手漕ぎのボートよりもずっと沖へ出る。どこで釣れるか、お見通しだ、自信を持ってピタッと船を止める。麦わら帽の下に、日焼けした温厚なお顔がたくましい。

この人の釣り好きは本物である。沖へ出て船が波に揺れ出すと、操舵棒を握りながら、横を向いたかと思うと、一瞬船縁の外に顔が沈む。舳先に座って対面しながら大丈夫かなと心配していると、平然として話し出す。それも一度や二度ではない。朝飯のお握りも、「おいしいですね、枝豆どうですか」と元気だ。安心した。毎回そうなのだ。キス、カレイ、コチなどの底物が釣れなくなると、「アジをやりましょう」とさっさと場所を変える。この人と出かけて釣れなかったことはない。

ほんとに釣りが上手でお好きなのだと思った。

釣りの写真が残っているのは、ボートの中のこの方だけだ。

シーサイドライン

角田浜から間瀬、野積《のづみ》に至る海岸道路は、曲がりくねり・上り下り・トンネル・絶壁が続き、佐渡を目前に観光道路として整備され、当初は有料であった。背後の角田山、弥彦山の爆発で流れ出た溶岩が海岸線とゴツゴツした岩場をつくっていた。砂浜の多い新潟では好釣場の一つである。大から小まで、適当に釣れる。しかし、少し波が立ち始めると、もう、押し寄せる波の大きさを見極めながら、逃げる準備をして釣る。こんな時、チヌ、アイナメのいい型が出る。

「こどもの日」の角田岬

角田岬では、切り立った山が急に海に落ちている。これに沿って500メートルほど細い遊歩道がくねくねとついており、ここから岩場に下りる。波がなければ子供でも大丈夫だ。

5月の連休の一日、小学1年生の長男を連れて小物釣りに出掛けた。まだ、釣れる時期ではない、メバル、アイナメなどの当年物だ。海は穏やかで、日差しもよく、親子とも麦わら帽をかぶって、首に手ぬぐいを巻き、長袖シャツを腕まくりした姿だ。子供連れ、家族連れが他にもいた。

遊歩道を歩いてきて、下の岩場が少し突き出ている場所で竿を出すことにした。子供は危険なので遊歩道に置いた道具・ビクの横から鑑賞させた。岩場に下りて4メートルほど先の狭い岩の上から、3間の小物竿にゴカイをつけてウキを立たせた。春の海にのんびりと揺れている。上からは父ちゃんの背中しか見えない、下から見上げると高い岩壁の下の遊歩道にチョコンと座っていた。

しばらくウキを見つめていると、後ろで女の声がする。遊歩道を話しながら歩いているのではない。どうも止まって息子に話しかけている。「つれた?」「つれない!」とやっている。チラッと一瞬上を見た。若い女性がマイクを持って息子に話しかけている、その後ろには頑丈そうな男が黒い大きなカメラを肩に据えていた。ウキなどかまっていられない、そうだ今日は「こどもの日」だ、新聞社かテレビがニュース種を取りにきている。

麦わら帽をかぶっているので親子だとすぐ分かる。上では「あれ、おとうさん?」「そう」とやっているのだろう。間もなく「オトーサン! オトーサン!」「放送局です」とけたたましい。

きっとカメラは回っている。もし、振り向けばどうなるか。その日の夕方、ゴールデンアワーのテレビ画面に自分のニヤニヤした顔が大写しに出る、目ざとい学生の何人かが見つけて、翌日の講義時間に「先生、テレビに出てましたね」、くらいが落ちだ。振り向く勇気が出せなかった。釣られてたまるか。

六　新潟の釣り

角田岬のアイナメ釣り

アイナメは岩礁地帯の底が複雑な場所にいる。投げ釣りをする。天秤仕掛けは毎回使い捨てくらいに思わないと釣りにならない。市販の仕掛けや天秤は極めて不経済なので、手作りする。少し硬めの20センチ位の針金の中心を捻って小さな輪を作り、両端にもそれぞれ小さな輪を作る。赤い布で巾着袋を作り、砂を詰め込んで口を結ぶ、これを針金の真ん中の輪に結びつける。針金の両端には道糸とハリスを結ぶ。大きめのカレイ針に、ピンピンしたイソメを1匹丸がけする。

6月、釣りシーズンが始まる時期、この日は大きくなった子供にも釣らそうと、3本の投げ竿で朝早く角田浜に出掛けた。岩場は大きな出っぱりがいくつかあって、小さな湾を作っている。そこに沈んでいる岩場を目がけて投げ込む。少し波があったので、遊歩道の上に竿を置いた。この日のアイナメはどれも引きが強かった。遊歩道の竿を引っ張り落さんばかりで油断できなかった。

30センチくらいの大型も入れて、数匹釣れたと思う。子供は満足したかな。曇り空は晴れず、波しぶきも出始めたので早々に退却した。

間瀬のチヌ

新潟へ来て6年目、行動範囲が広がり、初めて間瀬港へチヌ釣りに出掛けた。気合を入れて3間のしなりのよいチヌ竿を新調し、タイコリールも新しいものを買い、タモも揃えた。大阪で買ったタモは、新潟の関屋分水というところで、スズキの夜釣り中に夜陰にまぎれて誰かが持って行った。昼間釣るので、撒き餌の冷凍エビのブロックと活エビ1パックを用意した。チヌ釣りで、釣れて困るなんてことはない。じっと待つことを楽しむ釣りである。

間瀬港はシーサイドラインの中ほどにある漁港で、くの字型をした大きな堤防が西側を囲んでいた。外海側には大きなテトラポッドが防波堤の高さから海面まで下りていた。途中波で崩れているところがあり、その先端の足場のよいところに陣取った。10月の末、午前10時頃、快晴であった。足場の良さそうなところには、装備をした釣り人がテトラの下に降りたり、上に立ったりしていた。

テトラの陰から、撒き餌を少しずつ始める、絶やさないで続ける。活エビをつけた仕掛けを撒き餌の向こう側に投げ込む。浮き下2ひろ、1・5号のハリスを長くとる、針は3号、ウキは上面が朱、胴が黒色の木製だるまウキ。小魚が集まりはじめる、横からははっきりとは見えないが、その気配がする。ウキが潜るが直ぐに浮いてくる。餌とりだ。撒き餌をして小魚を上に上げては、仕掛けを投げ込む。これの繰り返しだ。小魚の下に大物が寄ってくるはずだ。同じことを繰り返す。新調の竿が気持ちよい。こんなところにまで赤とんぼが飛んできて、竿に止まった。そのうち、朱のウキが、わずかに沈んで動き出したかと思うと、また浮いた。アタリが小魚とは違う。またじわじわと沈み始めた。息を止め、静かに道糸をリールから出した。水中を動いていたウキはやがて見えなくなった。全身神経だ。テグスをそっと引っ張っていくのが見える、すぐさま道糸を送って自由に引っ張らせる。どんどん引かせる。そこでリール

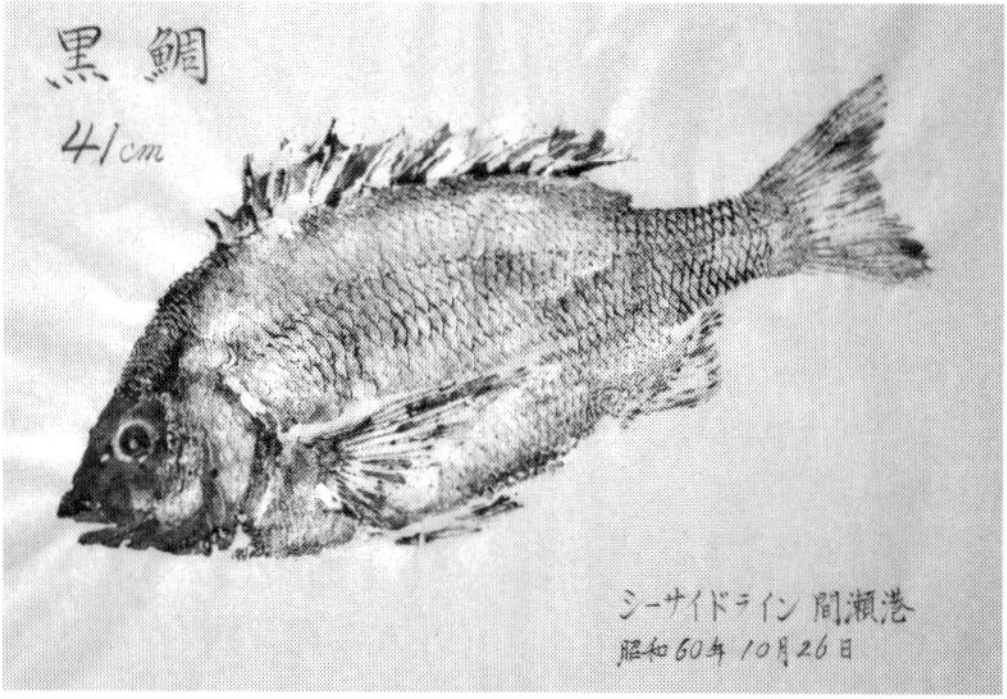

黒鯛　41cm

をロックし、一気に竿を立てる。柔らかい竿は弓なりにしなった。魚はかなり糸を引き込んでいる。緩めたら駄目だ。岩の陰にでも逃げ込まれたらおしまいだ。少しずつリールを巻きながら魚がフラフラになるまで、格闘だ。やがて力尽き、黒光りした頭が胴を横にして上がってきた。手元のタモでずっしりと、防波堤に上げた。一部始終を見ていた釣り人が集まってきた。堂々たる黒鯛に満足そうだった。

このチヌは魚拓にとられて欄間にいる。「黒鯛、体長41センチ、シーサイドライン間瀬港、昭和60年10月26日」

カマス釣りの風景

間瀬港の防波堤でのこと。夏も終わりになると、いい型のアジ、サヨリ、カマスなどが投げ竿でサビキ釣りができるようになる。防波堤の折れ曲がり点近くで投げ釣りをしていた時のことである。夕方近くサビキ釣りが始まった。高いテトラの上からあちこちで投げている。見ると、すぐ近くで、何段にも積み上げられているテトラに立ち上がっている男がいた。ジャンパーを着て、サビキ用の仕掛けがついた竿を担いでいる。

海面までは遠い。テトラが数列並び、水際に沈み込んでいる。その人テトラを伝い歩きしながら、いつの間にか先端のテトラに夕日の影となって、座っていた。持ち物は竿1本だけだ。釣れた魚はどうするのだろう、いちいち釣れるたびにテトラを伝って防波堤に上がってくるのは大変だろう、足でも滑らしたら暗いテトラの迷路をよじ登れるかな、と心配になりだした。

彼の釣りから目を離さないようにした。やがて1投目を投げた、竜の背にまたがった『日本昔ばなし』の童のように、うまい投げ方だ。感心していると、2投目でもう竿がしなった。サア、どうするか、心配でもあり、わくわくしながら待った。やがて、いい型のカマスが上がってきた。彼は魚を握って針を外した。さ、どうするか。彼は平然とジャンパーのポケットに入れた。次ぎのカマスも、その次も、そのまた次も。私はいつもこんな風にだまされる。

巻漁港防波堤の釣り

新潟へ来て数年後、海岸道路を角田浜の直ぐ手前を右に折れると、こじんまりした漁港が隠れていたのを知った。巻漁港である。防波堤がE型に外海に向いている。佐渡ヶ島から最も近い位置にあり、海水の流れも速い。外側に向かった防波堤はそう高くなく、幅が広くて足場がよかった。シーズン毎にキス、カレイ、ヒラメ、アジ、イナダ、サワラ、チヌ、スズキ、ソイなどからタコにいたるまで、大きいのが釣れた。過去形なのは、近年この外側の防波堤がかさ上げの工事によって高くなり、年寄りの釣り場ではなくなったからだ。しかし、湾内では、相変わらず、あらゆる年齢層の男女が楽しんでいる。

ここで驚いたのは、グレやキジハタが釣れることで、佐渡でも釣れるらしい。太平洋側の南の海の魚と思っていたからだ。

メバルの夜釣り

外側の防波堤からは正面には佐渡の島影、東の空は街の灯で明るい。ここでも、海が荒れ始める前に、魚の喰いが立つ。ここで釣れるメバルは、クロソイが多い。新潟ではハチメともよぶ。防波堤の底のテトラが住み家で、暗くなると出てくる。

梅雨の曇り空、波の穏やかな、日暮れからが、釣り時である。電気ウキで、2～3尋を狙う。ヘッドランプ、しっかりした2間半の短かめの竿、タモを腰に差し、すぐ際を流しながら歩く。餌はピンピンした大きなイソメの1匹がけ。いれば必ず釣れる。ウキを引き込むが、直ぐは上げない、電気ウキの赤い光が沈むまで待つ。やがて引き上げる。餌を取られたら、同じ場所で必ず繰り返す。また、ウキを沈める、合わせる、ガツンとしたアタリを感じたら、引っ張ってその場所から魚を離す、電気ウキが踊るのを見ながら、引き上げる。25センチ位までならごぼう抜きできる。これを超えると弱らせて、ピチャピチャやっている水しぶきをタモで掬い上げる。メバルは群れていることが多いので、群れをパニックにしなければ、近くの場所をまた狙う。いいときは2時間ほどで数匹釣れる。

メバルは、台所の流しに入っても、まだ観念しない。鰓《えら》を切られて静まり返ると、女房が待っている。

メバル割く厨にとどく稲光り　（料理人の句）

わが家にもなまはげが出る梅雨の夜　（釣り人の句）

小アジのサビキ釣り

アジ釣りのシーズンが始まると、巻漁港では外側も内側も賑わう。早朝や夕方には外側突堤の先端から大アジが上がるが、そこは常連の場所だ。港内はもっぱら小アジ、いつでも釣れる。釣り方の原理は変わらない。大も小も、撒き餌のカゴを付けたサビキ釣りだ。撒き餌は解凍したアミエビ、擬似針が10本ほどついたサビキ、下に錘《おもり》、大きなピンポン球ウキ、が一例である。アジがかかると、このウキが落ち着きなく踊り出す。

この釣りは新潟で初めて知った。魚は、1匹ずつ、引きを楽しみながら釣るものと思っていた。

土日には、親子連れの歓声で、突堤は賑やかになる。どの竿にもヒラヒラと木の葉のようにアジがぶら下がってくる。夕方、クーラーを重そうに持って帰る家族の姿が微笑ましい。子供達も連れていった。釣れた小アジは、から揚げが最高だ。

サクラマス

ルアー釣りというのが近年、全盛の様相を呈している。巻漁港の外側の防波堤では、サワラ、イナダ、ヒラメなどが釣れることを知り、10年ほど前にルアー竿を一本買った。2メートル30の柔らかいエギ竿、4本継、である。大物が釣れた時にと、タモもひと回り大きく軽いのを揃えた。メタルジグでサワラを何本かあげた。

名古屋から、サラリーマンになった長男がルアー竿を持ってやってきたので、夏休みの早朝に、巻漁港の外側防波堤に出かけた。まだ、かさ上げ工事がされていない時のことである。明るくなりかけていたが、もう北側の外海に面した側では、竿を振っている影がいくつも並んで見えた。仕方なく先端の港への出入り口に陣取り、西を向いて投げることにした。ここは、テトラがすぐ下に沈み、少し深い。

中層のサワラ、底のヒラメを狙って、何度か投げては引いてくるうちに、手前の深みでゴツンときた。根がかりかなと思ったら、引っ張り出した。ドラッグをかけてあるリールの糸を、ガリガリいわせながら、どんどん引き出していく。これはサワラではない。ドラッグを少し締めた。カーボンロッドのエギ竿はさすがに強い。そのうち、引きに負けていたリールが徐々に手で回り始めた、まだかなり抵抗がある、後は外さないように少しずつ近づけることだ。何人か見に寄ってきた。何が引っ張っているのか、そのうち黒っぽい影が近づいてきた、ここでは見たこともない魚だ、一瞬気味の悪さを感じた、とその時、「サクラマス」と誰かが叫んだ。息子が長いタモを出して待っていた。

魚はまだ力尽きない、防波堤に近付くと大きな体をくねらせてまた潜る、ルアーが口に引っ掛かっている、もう一度やり直しだ。今度は、息子がタモを出した、まだ水に浸からないうちにまた潜った。ひと泳ぎさせて、また寄せた、と、タモが体に触れるや、魚はバチャッと、糸を切って消えた。

息子にいやな気持ちにさせたなと思った。2号の糸が細すぎたのだ。

墨の跡

巻漁港の内側の防波堤が所々薄黒く汚れた跡があり、その正体がアオリイカの墨だと分かったのは、夕暮れ時にその現場を見た時だった。ふつうは夜釣りなので分からなかったのだが、まさかこんなところでと思った。

とにかくどんな釣りなのか、エギというエビに似せた大き目のイカ用のルアーを買って真似てみた。このルアーはメタルのように重くはなく、それほど飛ばず、ふわふわと沈み、抵抗をあまり感じないで、そっと引っ張る。イカはこれに抱きつき、沢山の針を束ねたエギ針に引っ掛かる、少し重くなったような感じがする。そのまま引きずって引き上げると、プシュッと墨を吐いてのたくりまわる。秋口に釣れるのは、手の平より少し大きめの当年ものである。

イカは「サカナ」(食べ物)としては旨いが、釣りとしての魅力はあまりない。だが、イカにしてみれば、「オレハ軟体動物ダ、魚類ト一緒ニスルナ」、と言いそうだ。アオリイカは発光体を持つと聞くが、水族館で観察してみたい。

ルアー釣りはデジタル的で、いわゆる「釣り」から何かが欠け落ちている。餌なしで釣り上げるのが、申し訳ない気になる時もある。今、このルアー竿はキス、ハゼ、コチ、カレイなどの投げ竿として、餌をつけて釣っている。

港の底

この釣り場には、近くのお年寄りの方も多い。昔からのベテランで、港を知り尽くしている人もいる。暇つぶしにでも来ているのだろうと思って、うっかり声を掛けると恥をかく。黒鯛名人、キス釣り名人、蛸師匠など目つきでそれと分かる。何も持たずに偵察に来ている人もいる。

ある日、短いチヌ竿と、餌のエビを持って湾内の脈釣りに出掛けた。なす型の錘をハリスの一番下に結び、その3センチ上に、針のついた短い枝ハリスを結ぶ。これを、ドボンと底まで沈めて、アイナメ、メバル、キジハタなどを釣る。

港に着いて、釣場所まで歩く途中で、行き交う人毎に、「どんな調子ですか」

などと声をかける。沈黙者は、まずいない。大抵饒舌で情報をもらう。

ある時、ポケットに手を入れ、とぼとぼ歩いて来る小柄のお年寄りに会った。どんな内容かはっきりとは覚えていないが、家具か何かの職人として生きてきた、釣道具は全部自分で作る、話は家族や奥さんのことなど身の上話にも及んだ。すごい人だと思った。しかし、いつまでも相手をするわけにはいかない。が、こちらから話しかけたし、それでは、と言うには悪い気がした。話が止まらない。そのうちにこの人、ああ忘れてた、と言わんばかりに、大きな三角の石を握った。そして、防波堤のコンクリートの上に線を引き出した、それが四角になり、その中に○が2つ入り、これを左右に並べた。見事な書きっぷりだ、大学の先生も及ばない。

「これは、湾の底に、防波堤に沿って並んでいるケーソンだ」と彼は言った。初めて聞く語だ。後で調べると、水中の基礎工事用のコンクリートの台のことだ。「このケーソンは1メートルほどの高さの脚の上に乗っている。この台には決まった位置に穴が開いている。錘がここを通ればもっと深いところが釣れる。大きいのが潜んでいる」というわけだ。やっぱりこの方は、並みの人ではない。

「ありがとうございました」とお礼を言って別れた後、竿を出して、錘を沈めて、その穴の位置を探りはじめた。錘は3メートル位も沈むと底に着くのだが、水際から1メートル足らずのところで突然更に1メートルほど錘が潜るところがある。その範囲は30センチ四方位と狭い。その横1メートル足らずの所にまた同じ穴がある。2～3メートル先に、また同じ穴が並んでいる。丁度その前のコンクリートの表面に躓きそうな馬蹄形の鉄が飛び出していた。潮で錆びて形をとどめていないものもある。これで穴探しは終わった。以来、この鉄の残骸を目印に脈釣りをしている。

もう一度、彼に会いたいと思う。

困った景色

海と対面すると、その包容力に飲み込まれて、一体となり、魂を抜かれ、自分を束縛するものがないように感じる。子供の歓声がそうだ、大人もそうだ。釣り場は公共の場であるなど、どこかへ吹き飛んでしまう、と思われるような釣り人が、いないでもない。

（その1）フグ、餌取りの代表として、申し訳ないが釣り人には厄介な存在だ。このフグの群れに戦いを挑んでいる人がいる。掛かってきたフグを海へ戻すのではなく、防波堤のコンクリートに投げ捨てる、バタバタやっているがそのうちに動かなくなる、太陽で日干しになる。

これを繰り返しているうちに、足の踏み場もなくなり、通るにも隙間を探すことになる。臭いもきつい、踏みつければグニュと大変だ。こんな中で、まだがんばっている。台風でも来なければきれいにならないだろう。大きなボラが犠牲になって、カモメやカラスにつつかれていることもある。浮世の憂さを釣りで晴らされれば、魚も成仏できまい。

（その2）何本も針がついた長い仕掛けを、釣り場に捨てて帰ると、必ず誰かに引っ掛かる。夜釣りでこれにあたると、ズボンや靴に絡みつきパニックになる。駐車場まで引きずって来る時もある。投げ釣りで底に引っ掛かって海中に沈んでいる仕掛けはもっと始末が悪い。これに自分の仕掛けが絡むと、魚がかかっても、まず上がってこない。

湾内でキス釣りをしていた時のこと、アタリがあってリールを巻きだした、なんだか異様に重い、キスの引きは感じない、なにか大きなビニールの袋か藻の塊を引きずるようにじわじわと近づいてくる。海の底のことだ、魚でなかったら？　と一瞬、疑心暗鬼になる間もなく、自分のではない糸を引っ張ってきた。おまつりか、と回りを見回したが、投げ釣りは自分だけだ。リールを巻くとどんどんついて来る、まだ重たい、きっと投げ釣りの仕掛けが手元で切れたものを引きずっている、つまり天秤錘のついた仕掛けを2つ引き上げているな、と思った。やがて、重いものが近づいてきた、見覚えのない天秤仕掛けが現われた、それについた長いハリスが引きずられてきた、その先に30センチほどの青光りの模様をした立派なワタリガニがついていた。カニと天秤錘は頂戴して、糸は巻いて持って帰って捨てた。

仕掛けに限らず、ペットボトル、空き缶、菓子袋、餌袋などを散らかしたり、海へ捨てて帰るなどは論外だ。

アジ乗合船

このアジ釣りの大人版は、シーズン中の休日とその前日は盛況だ。夏休みには、新潟に帰省した息子達と一緒にと、乗合船の予約を入れる。新川漁港から、夕方6時に20人ほどの客を乗せて出港する。家からはクルマで15分ほどの距離だ。

頑丈で重いリール付の船竿、氷の塊が入ったクーラー、それから船縁に固定する竿受け金具、サビキ仕掛けと道具一式、70～80グラムの錘幾つか。握り飯とお茶、釣り用の手袋と手拭、ビニールの合羽とズボン、尻に敷くクッションなどを詰め込んだズックの手提げ袋、最後に、帽子、釣り用のチョッキ、長靴を履いて出掛ける。如何にしてシンプル且つ十分な準備をするかだ。

港に着くと、先客らがお前遅いなァ、という目で見る。料金を払い、乗船名簿にサインすると、船頭が、ここが空いていると、座らせる。船頭のほかに助手を勤める漁師が乗っている。腰を下ろすや否や、ボッボンとエンジンがかかり、係留ロープが外され、一目散に港から出て行く。まだ定刻まで何分あっても。どの船もそうらしい。

船上は風と波しぶきで爽快だ、港が遠のき、角田、弥彦《やひこ》山が夕日を浴びて地平線に浮かぶ。船は魚群探知機で群れを見つけるとエンジンを止める。「出していいです」という掛け声で、一斉にドボンドボンとサビキを下ろす。釣れるかどうか調べているのである。

仕掛けはアジのサビキ用、11~12号の針は、赤・金・銀色で、白毛、赤毛、レインボー、ハゲ皮付き、蛍光ビーズ付きなどいろいろ工夫された擬餌針10本が、10センチのハリスで、30センチほどの間隔で道糸に結ばれている。上下を間違わないように幹糸に連結させる。サビキの下に70号以上の錘を付ける。これを海中に沈める。30メートルから60メートル位の糸が出る。船べりの竿置きに竿を引っ掛けて、船の揺れに応じて、錘が海底をとんとん叩くようにして待つ。アタリがなければ、少しずつ巻き上げて、魚のいる棚を探す。

「上げてください」と、また船が動き出す。そのうち、エンジンが止まると、助手さんが錨を下ろし、パラシュートを流す。船が安定して流れに乗る。メロン玉ほどの鉄枠で囲われた電球を船縁に数箇所下ろす、すると発電機の音が鳴り出して、海中も、頭の上の沢山の吊りランプも一斉に点灯する。集魚灯だ。

薄暗くなり始めると、すべての船が点灯し、左右に1列に並んだ船が現われる。波に浮かぶカモメが純白だ。陸地から見ると、夕焼け空に佐渡を背景に浮かぶ釣り船の景色は、新潟の夏の風物詩だ。

夕食を済ますころになると、ボツボツ始まる。海水を入れたバケツを足元に置いて待つ。周囲の人の竿の動きを見る。近くで竿がしなれば、次は自分だ。もし自分にだけアタリがないようなら、それは魚より劣っているのだ、隣をカンニングしてサビキを別の物に付け替えるなり、針に蛍光色の紐やプラスチック小魚を付けてみるなり、竿の揺らし方を変えてみるなり、思いつくことをすべてやってみる。何もせず、平然とできるようなら、乗合船には乗らない方がよい。

引きは、突然竿先がビュンと水面に潜る。すぐに竿を立て、一心不乱に、しかし慎重に、巻き上げる。アジの口は弱いので硬い竿はだめだ。電動リールのスイッチを入れ悠然としている人もいるが、面白くもなんともないだろう。30センチ前後が普通だ。底から上がってくるのに時間がかかる。ごぼう抜きに自分の席のバケツに取り込む。慣れてくると、アジを自分の目の前に持ってきて、簡単に外せる。初心者はそれができず、錘まで引き上げて、サビキにかかったアジが空中で踊っている、揺れる船の中で魚を掴もうとすると、針が上着、ズボン、さらに手にもひっかかる、この時アジが跳ねでもすれば、針が手の平にくい込む。実は、初めて連れて行った大学生の次男がこれをやった。年寄りの助手はこれを見ると、「痛いぞ、がまんせい」と言って、あっという間に引き抜いた。海水に浸けている間に血は止まった。

アジが2匹、3匹、4匹とくっ付いてくると、パニック状態である。そのまま船に全部ぶら下げて取り込み、それから外そう、などとすると、サビキがもつれて一巻の終わりだ。自分だけならまだいいが、海底から長距離を引き上げてくる間に、魚が暴れて、隣、またその隣の糸まで引っ掛けて上がると、他人の釣りの妨害だ。このお祭り騒ぎは、助手が船縁に片足を掛けて素早く解決する、さすがだ。

そのうちに、サバやイナダが混じり出すと、お祭り騒ぎは最高潮に達する。助手が右往左往だ。やがて、クーラーがいっぱいになりだすと、「もう、ええわ」となる。長男は操舵室に頭を突っ込み、「魚群探知機が何やかや」と船長と話している。

11時、「終わります」の声とともにライトが消え、暗闇を港に向かう。

山の釣堀

五頭山《ごずさん》のマス釣り

大学勤めは、絶えず若者と付き合える特典がある。学生の気質も釣りを通じて観察できる。

（その1）ある几帳面な学生は、小さなイワナを、見たことがないだろうと、わざわざ自宅にまで届けてくれた。「先生、貴重な魚が釣れました」と。幻かどうか知らないが、10センチにも満たないかわいい魚をどうせよと？　魚拓にでもしておけばよかったかな。

（その2）学生数人を連れて釣りに行った。その学生は、麦わら帽をかぶり、首にタオルを巻き、折りたたみ椅子に腰掛け、女子学生に餌をつけてもらい、竿を振った。魚がかかってきた。「おーい、何々ちゃん、釣れたよォ、どうしょ、針外して」と。

（その3）新入職員の青年が釣りを始めた。一緒に行った。釣れると「これ、リリースします」と断る。毎回だ。こちらは1匹でも持って帰る。

最近の若者は、まじめだなぁ、変わったなぁ、と思う。これは前置き。

新潟市の少し高いビルから山側を眺望すると、眼下の信濃川の向こう、東南の方向に五頭連峰が、その左側は背後に飯豊《いいで》連峰、朝日連峰が、右側は越後山脈、三国山脈、妙高山が新潟平野を取り囲んで見える。

養殖マス釣り場が五頭山の奥まった所にある。点在する養殖マス釣り場は、どこでもすぐに釣れ、家族向き釣り場である。ニジマスのほかヤマメ、イワナが混じっているという。

クルマで国道49号線を会津方面に向かう、田園地帯から山間に入って阿賀野川沿いに間もなく、三川温泉を左に折れて山道を走ると、中ノ沢を見下ろす山荘に突き当たる。最近建て替えたそうだが、当時は素朴な山小屋の感じだった。中は畳座敷で、磨かれた大きな切株の置物、熊の皮を広げた壁、小動物や鳥の剥製が珍しかった。窓からは、沢が見え、流れの音が聞こえた。周囲はシイタケの原木や薪の壁に囲まれていた。5月頃だったと思う、駐車場の脇に檻に入れられた子熊がいた。迷い子らしい。

竿、バケツを借りて、100メートル位の曲がった道を下りていく。1間半の竹竿に、玉ウキ、シズ、針だけの変哲ないものである。餌は練り物を丸めてつける。カーブを曲がると、2つの釣堀が現われた。

奥の方の池でバケツの近くに、男女がしゃがんで頭を寄せ合っていた。客はこの2人だけだ。女房を連れてきてよかったと、この時は思った。糸がもつれたのかな、と特に気にもせずに下って行った。同じ池の反対側でやろう、その方が寂しくないと、対面にバケツを置いた。

この2人は若い男女だった。服装から見て、大学生らしかった。ひっそりと、この山奥の釣り場にやってきたのだろう。他人の到着にもとんじゃくせず、まだ、頭を寄せ合っている。できることなら手伝ってやろう、しかし邪魔かな、と近づいた。2人はやっと顔をあげた。心配そうだ。二つの顔の間に、口を開けて糸で引っ張られたニジマスがこちらを睨んでいた、即座に木の枝を捜しに歩いた、鉛筆より少し細い枯れ枝を持って戻った。「外してみようか」と声をかけると、彼はニジマスを手渡した。魚は殆ど動かない、なんと手のぬくもりで温かくなっている。2人とも心配そうにまだ魚から目を離さない。拾ってきた小枝を、ハリスにそって魚の口に入れて、少しこじると、大きな針が枝について上がってきた。「外れた！　ありがとうございました！」、笑顔だった。

この針がもし外れなかったら、彼らはどうしただろう。しかし、きっといい家庭を築いているに違いない。

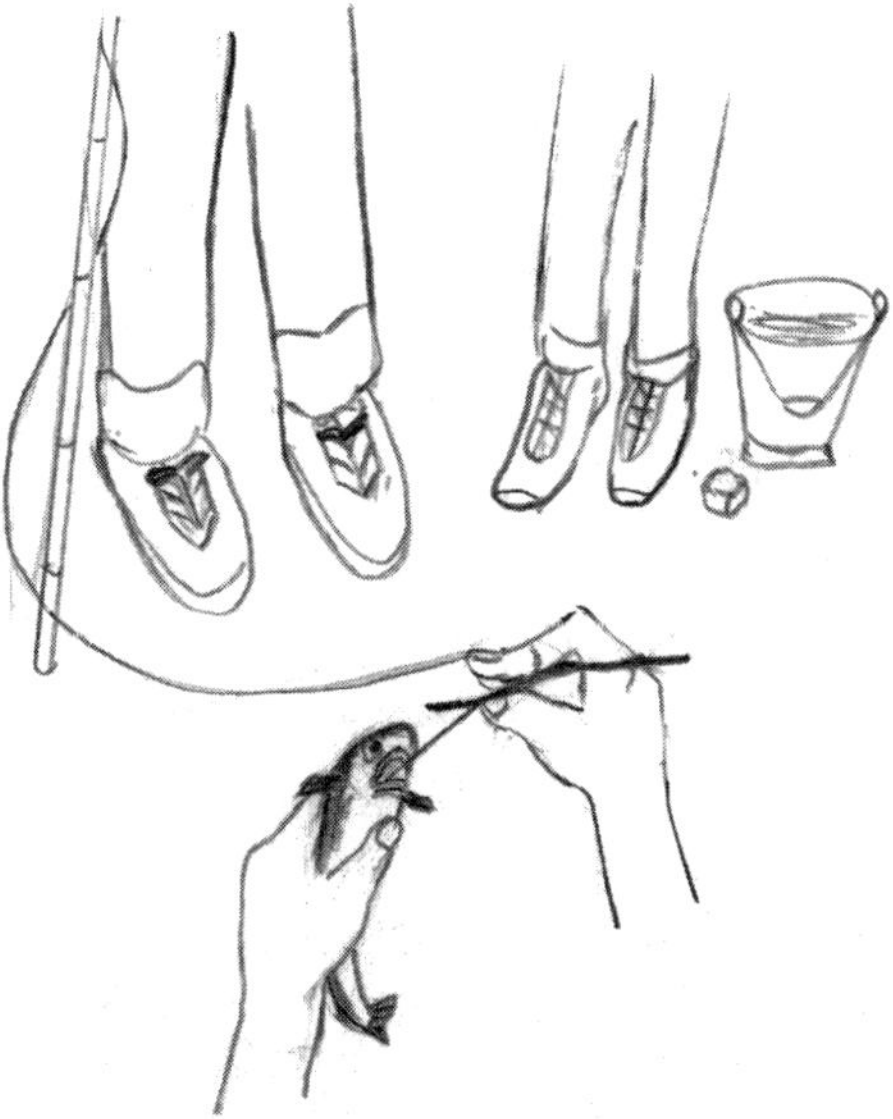

飯豊山麓のイワナ・ヤマメ

ここは山形県小国《おぐに》町小玉川、新潟からクルマで荒川沿いに走って1時間半近くかかる。雪解け水を利用して、沢山のコンクリート水槽でイワナ、ヤマメなどを養殖している。それを自然に模した川・池に放流し釣らせている。いつも先客がいる。ここの釣りはニジマスほど簡単ではない。自分の渓流竿で、自分の仕掛けで釣る。餌はミミズ、玉ウキで釣る。喰いつく姿が透視できる時もある、引きも強い。

ここの釣果は、主に放流量による。魚の釣れ具合を見計らって、コンクリートの水槽からタモで掬い上げ、川に流し込むらしい。放流された魚は、自然に戻ったと、闇雲に泳ぎ出す、腹も減っていてミミズを見つければ喰いつく、これに当たれば釣れる、ということが、そのうち分かってきた。養殖とはいえ、イワナ、ヤマメの姿は美しい、泳ぎも貫禄があり、十分楽しめる。釣った魚は全部持って帰れた。曇天で喰いのよい時は10匹以上持って帰ったこともある。

釣れない時には、水槽から数匹掬って持たせてくれた。

この釣り場は、山麓にあって、玉川沿いに遡るドライブは景色がよく爽快で、1日森林浴をして過ごした。何度か通ったが、ブトが多いのには難儀した。

胎内のフィッシングパーク

夏休みに、釣り好きの長男が2人の男の子を連れて家族で来るようになった。まだ、海は危険なので、胎内の釣堀へ行くことになった。新潟から1時間かからない。昔、子供達にスキーを教えたところだ。ここは、いろいろなレジャー施設が充実しており、昆虫館も見ごたえがある。長女と、次男夫婦も加わり皆で出掛けた。

マス釣り場へ来た。家族連れで賑わっている。胎内川に沿った広い公園に、4つの自由な形をした池が高台から見渡せる。竿を3本借りて、2本は子供達に、もう1本は大人が交代で使った。ここでは贅沢にチーズを丸めて餌にしていた。いうまでもなく、入れ喰いだ。チョボンと餌が水面に落ちるや、我先にとニジマスが飛びついてくる。すぐにウキを消し込む。一気にごぼう抜きに抜いて芝生に放り上げる。魚を握って針を外し、バケツに入れる。年上の子には自分でさせるが、4歳下は助けがいる。歓声を上げて釣っていた。

人数分釣れたニジマスは開いて串に刺し、炭火で塩焼きにしてもらい、胎内川の堤に座って皆で食べた。「うまい、うまい」とかぶりつく孫達を見て、私のこの歳になった時に魚の引きを覚えているかな、と思った。

あとがき

魚拓をとり始めたのは、和歌山で磯釣りを始めてからである。魚の表面を洗ってぬめりを拭きとり台の上に置く、エラ、ヒレ、ウロコの間の水気をとり、ヒレの第1棘の根元に楊枝を差し、背ビレ、腹ビレを立てて、尾ヒレを広げる。楊枝を折って口に挟み、少し開けてやる。予め硯《すずり》で摺っておいた墨を筆で塗る、筆につく墨の濃さ、量を加減しながら、全体の濃淡を考え、絵を描くような気持ちで少しずつ塗る、目には塗らない。習字紙か障子紙をそっとかけて、指先で軽く押さえながら墨を写し取る。最後に、細い筆で目に墨を入れ、墨がのっていないところを補う。立体を平面に写実的に写し取るのは芸術だ。絵を描く才能が要る。私の魚拓は見られたものではない。

最近は記録としてデジカメやスマホに頼るようだが、魚との直《じか》の触れ合いを、こうして楽しむこともできる。

定年後の釣りは、無理をしないのがモットーである。夜や早朝の釣りはしない、安全な防波堤、砂浜に限る、天気のよい時に限る、装備を軽くする、但し足腰のために歩く、腰をかけない、疲れるまでやらない。

よく使うのは1本だけ持っている軽いルアー竿だ。クーラーは小物用の小さな、軽いものを買った。工夫してここに釣用万能鋏や魚挟みをぶら下げる。小さいペットボトルのお茶、角氷を少し入れたビニール袋、魚用の袋も入れておく。道具は小さな天秤と仕掛けをチョッキのポケットに入れる。日よけには、手ぬぐいの上に編み笠をかぶり、サングラスをかける。釣用の短靴を必ず履いて、釣用手袋をはめ、餌箱をベルトに通し、クーラーを肩に掛け、ルアー竿で投げ歩く。

夏はキス、秋口はハゼが専らだ。小アジが恋しくなればサビキで夕方1時間ほどでたっぷり釣れる。新鮮な魚は小さくても旨い。

あとがき

先日、かつて走った新潟と会津の境、河井継之助記念館のある「六十里越え」峠を、紅葉を見にドライブしてきた。途中、田子倉湖《たごくらこ》で、岩魚の形をした酒器と、干した岩魚の真空パックを買って来た。あぶった岩魚を熱燗の酒に浸した「岩魚の骨酒」で、子供達、皆と釣り話に花を咲かせるのが楽しみだ。

釣りは、日常の雑念を発散・霧消させ、頭脳を再生させる力がある。これは釣りを趣味とする私の言い訳であるが、自然とはそういうものと思う。

さらに、釣り好きの先輩・友人との同行、釣り場で初めて会った人達にも、それぞれに忘れ難い思い出があります。記述に際しては、実名ではなく某氏とさせて頂きましたが、ご了解頂けたらと思います。

２０１５年11月

本書の出版にあたり、考古堂書店の佐々木克氏に大変お世話になりました。表紙デザインはウィザップの平彩花氏です。挿絵は妻が描きました。

あとがき

著者　増田康輔　（ますだやすすけ）

1937年生まれ　大阪市出身

1979年　新潟薬科大学に赴任

2006年　定年退職

新潟市在住

挿絵　増田よし子

釣りに連れられ70年

2016年５月５日　発行

著　者　　増田康輔

発行者　　柳本和貴

発行所　　株式会社 考古堂書店
〒951-8063　新潟市中央区古町通4
TEL.025-229-4058（出版部）
振替00610-8-2380

印　刷　　株式会社ウィザップ